Lothar Tremmel

USA FÜR ANFÄNGER

Lothar Tremmel

USA FÜR ANFÄNGER

Für Christine und Michael

Incola

ISBN 3-00-001943-X
1. Auflage 1997
Incola Verlag Michael Nehls,
Frankfurt am Main

Druck und Verarbeitung: Ebner Ulm
Printed in Germany
Titelbildidee: Michael Nehls,
Warenzeichen angemeldet, Geschmacksmuster geschützt;
Trademark-/Servicemark-Information:
For the United States of America: **TM, SM,**
claiming ownership under common US-law,
registration pending.
Titelillustration, Grafik: Lothar Walter
Fotos: Lothar Tremmel, Michael Nehls
Produktionsberatung: Sabine Meinaß
Gesetzt aus der Times BQ;
Titel und Rückseite: Walbaum und Machine TT
Satz: Andrea Trometer
Rechtschreibung nach „Duden", 21. Auflage, 1996

Inhalt

9. TIPPS FÜR AUTOFAHRER 82

10. GEOGRAPHISCHE FAKTEN - UND EIN PAAR SPEZIELLE REISEEMPFEHLUNGEN 102

11. UNTERWEGS 122

12. ÜBER DEN UMGANG MIT AMERIKANERN 143

13. ANMERKUNGEN ZUM AMERIKANISCHEN SPRACHGEBRAUCH 152

„Historische Vorurteile: Die meisten Geschichten sind ohne Prüfung geglaubt worden, und dieser Glaube ist ein Vorurteil."

Voltaire

Aus: Voltaire, Gedanken regieren die Welt, Seite 32, Diogenes Verlag AG, Zürich.

„Was ist Toleranz? Sie ist Menschlichkeit überhaupt. Wir sind alle gemacht aus Schwächen und Fehlern; darum sei erstes Naturgesetz, daß wir uns wechselseitig unsere Dummheiten verzeihen."

Voltaire

Aus: Voltaire, Kritische und satirische Schriften, Seite 724, Winkler Verlag, München.

Einführung

Sie wollen also die USA besuchen? Das ist eine gute Entscheidung, denn an Amerika, genauer gesagt, den Vereinigten Staaten, kommt niemand vorbei.

Wenige Länder sind größer, keines ist mächtiger, und wohl kein anderes hat in einer so kurzen Zeitspanne der Geschichte ein so charakteristisches Gesicht entwickelt, das man lieben oder hassen kann, doch das keinen kalt lässt.

Woran denkt man bei Kanada? An Wälder und Flüsse. Woran bei Thailand? An Pagoden und Buddhafiguren. Woran bei China? An Menschenmassen auf Fahrrädern und an die große Mauer vielleicht. Doch Amerika - die USA - welch einen verwirrenden Reichtum an widersprüchlichen, starken Gefühlen löst dieses Wort doch immer noch aus!

Kein anderes Land ist mir bekannt, das in wenig mehr als 200 Jahren eine ganz eigene, eigenartige Kultur entwickelt hat, die zu manchen Zeiten, an manchen Orten gierig aufgesogen, und zu anderen Zeiten, zum Teil an denselben Orten ebenso entschieden zurückgewiesen wurde. Wobei der Begriff „Kultur" als ein System gemeinschaftlicher Wertvorstellungen verstanden sein will, und als Plan davon, wie ein „richtiges" Leben ablaufen sollte. Das „richtige" Leben ist in diesem Falle das Streben nach der Verwirklichung des Amerikanischen Traums.

Was ist das nur für ein Land? Ein Land, das sich gebärdet wie eine alternde, ziemlich hysterische Hollywood-Schauspielerin, die man teils bewundert, teils widerlich findet, teils kennenlernen möchte, teils verächtlich zurückweist. Ein Land, das näher betrachtet, hinter der Schminke und all dem aufgedrehten Gehabe, zuweilen bestürzend menschlich erscheint mit nagenden Zweifeln, krampfhaftem Festhalten an wankenden Werten und ganz eigenen Komplexen, dunklen Seiten und Problemen, die so überwältigend sind, dass ein schwächeres Gebilde darunter schon längst zusammengebrochen wäre.

Haben Sie je erlebt, wie eine Person, die Sie am Anfang nicht so recht mochten, Ihnen später immer sympathischer wurde? Und haben Sie dann ein wenig ein schlechtes Gewissen gehabt? Ebenso wird mancher gegenüber den USA fühlen, jedenfalls einer, der mutig und kritisch genug ist, seine Vorurteile an der Wirklichkeit zu prüfen und sich dieses ferne, nahe Land aus der Nähe anzusehen.

Für solche Menschen ist dieses Buch geschrieben - für die Neugierigen und Interessierten, die mehr über das Land und seine Bewohner erfahren wollen - und für diejenigen, die länger bleiben müssen oder wollen, und für die, die es mit Amerikanern zu tun haben werden: Geschäftsreisende etwa, Studenten und familienbewusste Leute, die ihre amerikanischen Verwandten besuchen möchten.

Zweck des Buches ist zunächst, praktisches Wissen zu vermitteln für jene, die zum ersten Mal in die USA reisen: Wie bezahlt man in Restaurants? Wo kann man was kaufen? Wie geht man mit der Polizei um? Welche wichtigen lokalen Gesetze muss man beachten? Darauf wird man Antwort finden - und auf viele andere Fragen. Wichtige geld- und nervensparende Tipps sind eingerahmt, und wichtige amerikanische Stichwörter sind *kursiv* gedruckt. Wo nötig, sind Aussprachehinweise in eckigen Klammern hinzugefügt, wobei betonte Silben durch Großbuchstaben gekennzeichnet sind. Beispiel: *unleaded* [anLEDDed] (unverbleit).

Weitere Themen sind für Personen gedacht, die ein halbes Jahr oder länger bleiben werden. Beispiele dafür sind die Anmerkungen über Vielfliegermeilen oder der Abschnitt über den Erwerb des amerikanischen Führerscheins. Darüber hinaus sind in den Text Eindrücke eingestreut über Land und Leute, über das politische System und die Gesellschaftsform. Diese sind freilich subjektiv, emotional und *opinionated* (voreingenommen). Dennoch hoffe ich sehr, dass diese Abschnitte den Leser in einer unterhaltsamen Weise an eine doch recht fremde Kultur heranführen.

Dieses Buch wäre ohne die Energie und Motivationskraft meines Verlegers nicht fertiggestellt worden. Ebenfalls dankend verpflichtet bin ich meiner Frau für ihre Unterstützung und ihre Hilfe.

Dr. Lothar Tremmel

17. März 1997
Thousand Oaks, Kalifornien

„Who fails to plan, plans to fail." (Am. Sprichwort)

1. Vorbereitungen

Reisedokumente

Wie bei jeder Planung, so gilt auch bei der Planung einer Reise in die USA: Nicht alles ist gleich wichtig, nicht alles ist dringend, doch es gibt ein paar Dinge, um die man sich rechtzeitig kümmern muss, wie die Ausstellung eines **internationalen Führerscheins.** Damit darf man in den meisten Bundesstaaten der USA eine Zeit lang fahren, in New Jersey zum Beispiel ein Jahr. Man sollte sich bei der US-Botschaft oder dem Konsulat nach den Bestimmungen im Ziel-Bundesstaat erkundigen. Auch wenn man nur kurzfristig als Tourist die USA besucht, sollte man dieses Dokument haben, um einen Leihwagen fahren zu können.

Auch Angelegenheiten, die das **Visum** betreffen, können zeitraubend sein. Als Faustregel kann man sagen, dass Visa-Angelegenheiten fünf Arbeitstage länger brauchen als im schlechtesten Falle angenommen. Am Abflugtag morgens am Fenster zu sitzen und auf den Postboten zu warten, der hoffentlich das Visum bringen wird, ist ein ganz besonderer Nervenkitzel, wie ich aus eigener Erfahrung bezeugen kann. Zum Glück braucht man sich als Tourist nicht mehr damit herumzuschlagen: Bis zu einer Besuchsdauer von drei Monaten ist für Deutsche, Schweizer und Österreicher kein Visum nötig. Man braucht nur einen gültigen **Reisepass** sowie ein **Rückflugticket** als Beweis dafür, dass man die Absicht hat, das Land auch wieder zu verlassen. Weitere Einzelheiten sollte man rechtzeitig beim nächsten US-Konsulat oder bei der US-Botschaft klären. Adressen dieser Institutionen findet man im Kapitel 16 (ab Seite 180). **Zollformulare** braucht man dagegen erst im Flugzeug auszufüllen. Die Einfuhrbestimmungen kann man sich natürlich vorher bei Konsulat oder

Botschaft besorgen. Die wichtigste ist, dass man nichts Organisches einführen darf, also keine Pflanzen, Blumen, Erde und ebenfalls keine Lebensmittel oder Tiere.

Zahlungsmittel

Irgendeine Art von Plastikgeld sollte man sich auch zulegen. Dies sollte eine **Master- (Eurocard)** oder **Visakarte** sein, die man bei seiner Bank beantragt, eine **American Express-Karte** oder auch eine **Diner's Club-Karte.** Bargeldlos zu bezahlen ist sehr üblich in den Staaten, und die genannten Kreditkarten sind dort im allgemeinen anerkannt. Auch wenn man plant, für längere Zeit in die USA überzusiedeln, sollte man nicht annehmen, „die Kreditkarte bekomme ich dann bei meiner amerikanischen Bank". So einfach ist das nicht; als Fremder muss man hier nämlich erst einmal seine Kreditwürdigkeit etablieren. Daher sollte man sich auch in diesem Fall bei seiner Heimatbank eine Kreditkarte besorgen; das erleichtert den Übergang. Das gilt insbesondere für American Express: Besitzt man diese Karte schon, dann bekommt man viel leichter eine amerikanische Karte. Unterdessen kann man mit der europäischen Karte ebenfalls bezahlen, die natürlich das europäische Konto belastet - wozu Dollars in die Heimatwährung umgerechnet werden und zwar nach meiner Erfahrung zu einem oft ungünstigen Wechselkurs.

Ganz und gar ohne Plastikgeld zu reisen, ist nicht empfehlenswert - nicht einmal bei kurzfristigen Aufenthalten. Hierzulande wird nämlich die Kreditkarte bei zahlreichen Geschäften routinemäßig erwartet: beim Buchen von Flügen und Hotels, beim Bestellen von Theaterkarten, und vor allem beim Abholen des Leihwagens - selbst dann, wenn schon alles in Deutschland bezahlt wurde! Der Grund ist, dass eine Firma mit der Kreditkartennummer eine Handhabe bekommt, den Kunden für Schäden zur Kasse zu bitten, wie sie bei Verlust oder Beschädigung der gemieteten Dinge entstehen oder bei kurzfristiger Absage von Hotel-, Flug- oder Theaterbuchungen. Auf jeden Fall sollte man genügend **Bargeld** in US-Dollar mitnehmen, denn Geldumtausch in den USA ist generell problematisch (Kapitel 7, „Postämter und Banken", ab Seite 67). Am besten besorgt man sich 10- und 20-Dollar-Scheine. Dollarnoten mit einem Wert von 50 Dollar oder mehr können beim Einwechseln schon Probleme verursachen. Zum Beispiel sind Taxifahrer oft nicht verpflichtet, 50-Dollar-Scheine anzunehmen.

Außer Bargeld sollte man sich bei seiner Bank auch **Reiseschecks** *(Traveller Checks)* besorgen. Dies sind Papiere mit ähnlicher Bedeutung wie Banknoten: Sie haben einen aufgedruckten Wert in US-Dollar, und man muss sie der Bank bezahlen, wenn man sie bekommt (und nicht erst, wenn man sie einlöst - insofern ist der Begriff „Scheck" irreführend). Sie sind in den USA auch fast so gut akzeptiert wie Bargeld. Der Unterschied zu Banknoten: Reiseschecks enthalten den Namen des Besitzers; sie werden beim Kauf zum ersten Mal unterschrieben und sind erst mit der zweiten Unterschrift einzulösen. Dadurch soll verhindert werden, dass ein etwaiger Dieb sie ohne weiteres einlösen kann.

Nervenspartipp: Geldumtausch in den USA ist problematisch! Daher alles benötigte Bargeld zu Hause in Dollars umtauschen und mitbringen.

Versicherungsangelegenheiten

Diese sind ebenfalls rechtzeitig vor der Abreise zu klären: Wer zahlt, wenn man in einem amerikanischen Krankenhaus behandelt werden muss? Bitte fragen Sie Ihre Krankenversicherung, ob Sie eine **Auslandsreise-Krankenversicherung** abschließen sollten. In jedem Fall können Sie davon ausgehen, dass Sie die Kosten für Arztbesuche, Medikamente und eventuelle Krankenhausaufenthalte vorlegen müssen (Kreditkarte!). Und wie steht es mit der **Kfz-Haftpflichtversicherung**, wenn man in den „Staaten" einen Wagen mietet? Vielleicht bietet die deutsche Autoversicherung günstige Auslandsversicherungen an. Wenn nicht, muss man bei der Autoverleihfirma in den USA eine Haftpflichtversicherung hinzukaufen, vielleicht sogar mit **„Haftungsbeschränkung"/Vollkasko mit Selbstbeteiligung** *(CDW = Collision Damage Waiver).* Manche Kreditkartengesellschaften versichern automatisch gegen Verlust von Reisegepäck oder sogar gegen Verlust und Beschädigung von Mietautos, wenn man die Kreditkarte benutzt, um das Ticket beziehungsweise die Automiete zu bezahlen. Dies alles ist rechtzeitig zu klären; einige Anrufe bei Versicherungs- und Kreditkartengesellschaften sind also ratsam.

Wichtiges Gepäck

Medikamente, Pflegemittel, Kosmetika: Man sollte nicht annehmen, dass man seine Lieblings-Hautcreme, die gewohnten Kontaktlinsen-Pflegemittel oder sein vertrautes Rasierwasser in den USA kaufen kann - auch dann nicht, wenn der Hersteller eine große internationale Firma ist. Es empfiehlt sich daher, von den Salben und Säftchen, die man zum komfortablen Überleben braucht, einen ausreichenden Vorrat mitzunehmen. Das Umgekehrte gilt übrigens ebenfalls: In den USA gibt es einige Errungenschaften, die man in Europa nicht findet, und die ich mittlerweile einpacke, wenn ich Europa besuche - zum Beispiel *Ben Gay.* Wer oder was ist *Ben Gay?* Das ist eine von allen US-Bürgern innig geliebte Wundersalbe gegen Muskelzerrungen, Sehnenüberdehnungen und ähnliche „Wehwehchen". Sie wird in kleinen Tuben verkauft, sieht weiß aus, und verströmt einen - gelinde gesagt - alarmierenden Geruch von Kaugummi, Minze, Menthol und schwerem Heizöl. Sie wird über der schmerzhaften Stelle auf die Haut aufgetragen und brennt dann so stark, dass man alle anderen Übel darüber vergisst, von Arthritis über Kopfweh bis zum Zipperlein. Es brennt zwar fürchterlich, doch man weiß, woher es kommt, und das ist besser als jeder Körperschmerz. Für besonders Tapfere gibts *„Ben Gay Extra Strength",* in der Tube mit der roten Warnfarbe. Der Schmerz wird regelrecht ausgebrannt.

Ein echtes Allheilmittel - ich verreise nie ohne *Ben Gay, extra strength,* versteht sich. Warum gibts das nur in Europa nicht?

Adapter und Konverter für Elektrogeräte: Selbst wenn man stolzer Besitzer eines auf 110 Volt umschaltbaren Rasierapparats oder Föns ist, wird man sich dessen in den USA nicht recht erfreuen können, weil ein deutscher Stecker nicht in US-Steckdosen passt. Dafür gibt es Adapter, die man in deutschen Elektrogeschäften für ein paar Mark kaufen kann. Für Geräte mit komplizierterer Elektronik, wie zum Beispiel Stereoanlagen, benötigt man zusätzlich spezielle Konverter, die in Elektronik-Fachgeschäften erhältlich sind. Der Grund dafür ist, dass in den USA nicht nur die Stromspannung anders ist, sondern auch die Netzfrequenz.

Geschäftsleute und Reisende, die länger in den USA bleiben wollen, sollten noch etwas mehr einpacken:

Büromaterial: Falls man europäische Aktenordner mitnimmt und damit arbeiten will, dann sollte man unbedingt auch einen DIN-Locher einpacken. Das US-Papierformat passt zum Glück in europäische Ordner, aber mit keinem dort käuflichen Locher wird man das Papier so präparieren können, dass man es einheften kann.

Arztunterlagen: Wenn man längere Zeit bleibt, dann ist es eine gute Idee, eventuell vorhandene Röntgenbilder des Gebisses mitzunehmen. US-Zahnärzte verlassen sich bei der Diagnose nur noch auf Röntgenbilder *(„X rays"),* und wenn man nicht zu alte Bilder mitbringt, entgeht man vielleicht einer weiteren Strahlendosis. Auch ältere Bilder sind sehr nützlich, da der Zahnarzt dann den früheren Zustand mit dem jetzigen vergleichen kann.

Ein **Brillenrezept** kann ebenfalls nützlich sein. Zu Hause ausgestellte Brillenrezepte werden im allgemeinen in den USA verstanden, denn anders als die meisten Maße werden Linsenstärken in Europa und den USA in derselben Einheit gemessen: *diopters* = Dioptrien.

Kleidung - und wie man als Tourist am besten auffällt

Ob man sich warm anziehen muss, oder leichte Sommerkleidung braucht, hängt nicht allein von der Jahreszeit ab, sondern zusätzlich vom Reiseziel. Grob gesagt, sind in großen Teilen des Landes (Ostküste, Norden, mittlerer Westen) die Winter kälter als in Mitteleuropa und die Sommer heiß und feucht, während an der Westküste (Kalifornien, Oregon, Washington) ganzjährig ein mildes Klima vorherrscht. Genaueres ist in Kapitel 10 (ab Seite 102) über das Klima zu erfahren. Doch wie gesagt: In den USA hängen die Temperaturen nicht nur von der Jahreszeit ab, sondern auch vom Zielort. Daher ist es unmöglich, allgemein zu sagen, ob man Badehose oder Biberpelz einpacken sollte. Pullover oder Strickjacke sind grundsätzlich nützlich, selbst wenn man im Sommer in die Wüste fährt. Warum? Weil die Gebäude hier hoffnungslos überklimatisiert sind.

Was die Mode angeht: Um nicht auf den ersten Blick ebenso als Tourist aufzufallen wie hierzulande der amerikanische Touristen-Prototyp mit Basketballmütze, Sweatshirt und Turnschuhen, sollte man die letzten knalligen Modefetzen lieber zu Hause lassen: In weiten Teilen der USA, mit Ausnahme der Metropolen, hinkt man den europäischen Modetrends ein bis zwei Jahre hinterher, und insbesondere die Herrenkleidung ist unauffälliger und dezenter.

Von knalliger Kleidung einmal abgesehen, glaubt der (durchschnittliche) US-Bürger, europäische Touristen oft an der Körperpflege zu erkennen: Leute, die nicht täglich duschen und kein Deodorant benutzen, sind den US-Amerikanern ein Greuel; Schweißflecken und Schmuddeligkeit kommen nicht gut an. Dem schönen Geschlecht sei anvertraut, dass sich in den „Staaten" jede Frau unter den Achseln und an den Waden haarfrei hält. Aus all dem folgt, wie man am besten als Exot aus deutschen Landen auftreten kann: Als Herr versuche man es mit knallroter Jeans, leicht schimmeligem Batik-T-Shirt, Jutesack und vielleicht noch Holzsandalen. Deutsche Frauen erkennt man oft an der üppig sprießenden Wadenbehaarung.

Geschenkideen

Schwierig, schwierig - was kann man lieben Verwandten oder Freunden mitbringen in ein Land, in dem es doch alles zu kaufen gibt? Etwas typisch Europäisches muss es schon sein, aber etwas, das hier nicht so einfach zu finden ist.

Jedoch sind europäische Importe selbst in gewöhnlichen Supermärkten weitverbreitet und oft nicht einmal besonders teuer. Das gilt insbesondere für Wein, Käse und Spirituosen. Einige wenige Ausnahmen sind: feine Kaffeesorten, Luxus-Süßigkeiten wie Edelpralinen oder Branntweinbohnen, Marzipan und vor allem simple, aber Schweizer Schokolade.

Das sind so die Dinge, die typischerweise ein amerikanischer Geschäftsreisender aus Europa für die Familie mitbringt. Und vor meiner letzten Reise hat mir eine Kollegin sanft klar gemacht, dass ich mich nicht ohne Schokolade zurückmelden solle.

Neben diesen Schlemmerprodukten kommt „Kulturelles" aus Süddeutschland immer noch gut an, wie zum Beispiel Hüte und möglichst üppig dekorierte Bierkrüge aus Bayern (hier *steins* genannt), und - ganz im Ernst - Kuckucksuhren aus dem Schwarzwald. Traditionelle Keramik wird ebenfalls geschätzt, und ganz besonderer Beliebtheit erfreuen sich die sogenannten „Hummel"-Figuren.

Als Weihnachtsgeschenke empfehlen sich neben Lebkuchen (die's hier nicht gibt) Handarbeit aus dem Erzgebirge (Krippenspiele, Räuchermännchen). Wer etwas gegen Klischees und das angeblich typisch Deutsche tun möchte, der befrage seine Phantasie.

Checkliste, zusätzlich zum Kofferpacken

- Reisepass
- Flugschein einschließlich Rückflugticket
- Internationaler Führerschein
- Kreditkarte
- Reiseschecks
- US-Bargeld
- Adapter für Elektrogeräte
- Unverzichtbare Sälbchen und Säftchen
- Geschenke
- Eventuell: Brillenrezept
-
-
-
-
-

„When in Rome, do as the Romans do." (Am. Sprichwort)

2. Formulare, Formulare

Formulare werden einem schon im Flugzeug drohen, denn man muss Formulare für die Zoll- und die Einreisebehörden ausfüllen. Ziffern, Uhrzeiten, und Kalenderdaten werden in den USA ganz anders angegeben als bei uns, und es gibt einige Dinge, die man unbedingt wissen sollte, um Missverständnisse zu vermeiden:

Wie ein Weltenbürger Zahlen schreibt

Für eine „1" schreiben US-Amerikaner einen senkrechten Strich, ohne Haken oben dran. Eine US-amerikanische „7" besteht nur aus zwei Strichen, der kleine Querstrich fehlt. Als Konsequenz sieht eine europäische „1" für US-Bürger wie eine „7" aus, so dass sie zum Beispiel statt „1000" „7000" lesen würden. Man bedenke, was das für Folgen haben kann! Und natürlich sieht eine amerikanische „7" für uns wie eine „1" aus. Auf der anderen Seite wird eine europäische „7" mit Querstrich auch von US-Amerikanern als „7" erkannt und akzeptiert. Und dies weist uns den einzigen Ausweg aus dem ganzen Durcheinander: Das zweideutige Zweistrich-Symbol für „7" beziehungsweise „1" ist ganz zu vermeiden, indem man für die „7" die europäische Version mit drei Strichen verwendet und für die „1" die US-amerikanische mit einem Strich:

Wie ein Amerikaner schreibt:	I	2	3	4	5	6	7	8	9
Wie ein Europäer schreibt:	1	2	3	4	5	6	7	8	9
Wie ein Weltenbürger alle Verwirrung vermeidet:	[I]	2	3	4	5	6	[7]	8	9

Eine weitere Quelle der Verwirrung ist die Tatsache, dass US-Amerikaner ein Komma setzen, um bei großen Zahlen Tausender zu trennen, und nicht den Punkt, den sie bekanntlich zum Trennen der Dezimalstellen benutzen. Traditionellerweise machen wir das umgekehrt, jedoch wird heute durch den Gebrauch von Computern der Punkt wohl weltweit als Dezimalpunkt verwendet. Dagegen können die Symbole zum Trennen von Tausendern immer noch zu Verwirrung führen. Ein einfacher Ausweg ist, Komma oder Punkt in dieser Funktion zu vermeiden, und Tausender, wenn unbedingt nötig einfach durch Leerstellen zu trennen.

Datums- und Zeitangaben

Die US-amerikanische Schreibweise für ein Kalenderdatum ist Monat-Tag-Jahr, so dass ein Amerikaner 11-05-89 als 5. November 1989 liest, und nicht als 11. Mai. Der Weltenbürger vermeidet solche Missverständnisse, indem er für Monate grundsätzlich Buchstaben statt Zahlen verwendet: JAN, FEB, MAR, APR, MAY, JUN, JUL, AUG, SEP, OCT, NOV, DEC. Sowohl Nov-05-89 als auch 05-Nov-89 wird auf beiden Seiten des Ozeans korrekt verstanden.

Uhrzeiten fangen nach 12 Uhr wieder bei 1 an; zur Unterscheidung von Uhrzeiten zwischen Mitternacht und Mittag einerseits und zwischen Mittag und Mitternacht andererseits verwendet man die Zusätze „ a.m." für „ante meridiem" (vormittags) und „p.m." für „post meridiem" (nachmittags): „5:00 a.m." bedeutet also fünf Uhr morgens, und „5:00 p.m." bedeutet 5 Uhr nachmittags; „17 Uhr" ist dagegen vollkommen unüblich; man verwendet die 24-Stunden-Uhr nur beim Militär, weswegen solche Zeitangaben hier *Military Time* genannt werden. Zu beachten: „12:00 a.m." bedeutet 24:00, also Mitternacht, und „12:00 p.m." bedeutet 12 Uhr mittags.

Angabe persönlicher Daten

Bei der Namensangabe kommt meistens der Vorname vor dem Nachnamen. *Middle initial* ist der erste Buchstabe des zweiten Vornamens, den jeder „anständige" Amerikaner vorweisen kann. Wenn nach Körpergröße und Gewicht gefragt wird, muss man das natürlich in Fuß, Zoll und Pfund angeben. In den Tabellen in Kapitel 16 kann man seine Körpergröße (Seite 190) und sein Gewicht (Seite 191) in US-amerikanischen Einheiten finden. Manchmal wird man neben Geschlecht, Alter, etc. auch nach *complexion* gefragt. Das ist ein vornehmes Wort für Hautfarbe.

New York, New York: Amerikanische Adressenregeln

Die Hausnummer steht vor dem Straßennamen und die Postleitzahl *(ZIP Code)* nach der Angabe des Bundesstaates. Ein Beispiel: 10 Ridgedale Avenue, Madison, New Jersey 07960, USA. Für den Bundesstaat wird normalerweise eine Abkürzung aus zwei Buchstaben verwendet, zum Beispiel „NJ" für New Jersey. Die Abkürzungen aller 50 Bundesstaaten stehen im Kapitel 16, Seite 184. Manchmal ist im Anschluss an den ZIP Code nach einem Bindestrich auch noch eine zweite Zahl angegeben. Diese Zahl dient der Arbeitserleichterung der Post und kann weggelassen werden.

Nicht nur in Briefadressen, sondern auch in der gesprochenen Sprache ist es üblich geworden, dem Ortsnamen den Bundesstaat hinzuzufügen, selbst in der gesprochenen Sprache: „Meine Tante wohnt in Springfield, Ohio." Der Grund ist, dass viele Ortsnamen in mehr als einem Bundesstaat vorkommen, oder von Europa (oder anderswoher) „geborgt" sind. Zum Beispiel gibt es ein „London, New York", ein „Paris, Texas", und ein „Lima, Pennsylvanien". Auch Hamburg, Frankfurt und Berlin sind mir irgendwo begegnet, und selbst Straßburg (Pennsylvanien) und Birmingham (Alabama) - allesamt übrigens unbedeutende „Nester", im Gegensatz zu ihren ausländischen Namensgebern. Die Stadt New York dagegen gibt es nur einmal, und zwar im Staat gleichen Namens. Doch das Anhängen der Staatenbezeichnung ist den US-Amerikanern so zur Gewohnheit geworden, dass sie es auch hier beibehalten: New York, New York.

Beim **Buchstabieren,** zum Beispiel am Telefon, ist zu beachten, dass das „Z" in Amerika nicht „set" heißt wie im britischen Englisch, sondern „sie", mit stimmhaften „s" - im Gegensatz zum „c", das „ssie" heißt, mit scharfem „s" - kein großer Unterschied für deutsche Ohren. Als Zahlenname für Null wird neben „zero" oft auch der Buchstabenname für das „o" genommen. Beispiel: „201" = „Two-o-one".

Und ein letzter Unterschied: Die Nummerierung der **Stockwerke** fängt hier bei Eins an, und nicht bei 0. *Second floor* ist also das erste Stockwerk - genauso wie in einigen Gebieten in Süddeutschland und in der Schweiz.

3. Ankunft

Die Zeitzonen der USA

Nehmen wir an, das Ziel der Reise sei an der Ostküste, etwa New York, Boston, Washington, Philadelphia, Atlanta, Orlando, oder Miami. All diese Städte liegen in der Zone der „Ost-Standardzeit" *(Eastern Standard Time).* Hier ist es sechs Stunden früher als in Mitteleuropa. Während man in der Warteschlange vor dem Zoll steht, kann man schon mal die Uhr zurückstellen.

Die meisten Flüge kommen am Nachmittag an der Ostküste an, etwa gegen 16.00, oder, wie man hier sagt, 4.00 p.m. Dann ist es in Deutschland schon 16.00 + 6 Stunden, also 22.00 Uhr. Abweichungen von dieser einfachen „plus-6-Stunden"-Regel um eine Stunde sind im Frühjahr und im Herbst möglich, weil die Staaten der Ostküste und Deutschland nicht unbedingt gleichzeitig auf Sommer- und Winterzeit umschalten.

Die USA bestehen jedoch nicht nur aus der Ostküste; sie bilden ein gigantisches Land, das sich über nicht weniger als vier Zeitzonen erstreckt. Wenn man Alaska mitrechnet, kommen noch einmal drei Zeitzonen hinzu.

Eine grössere Zeitverschiebung entsteht also, wenn man an die Westküste in die pazifische Zeitzone hineinfliegt, zum Beispiel nach Kalifornien: neun Stunden! Das heißt: Wenn es in Kalifornien 4 Uhr nachmittags ist, dann ist es in Deutschland schon 1 Uhr nachts. Eine Tabelle mit den Zeitzonen der USA befindet sich auf der nächsten Seite.

Die vier Zeitzonen der USA ohne Alaska und Hawaii

Bezeichnung	*Staaten*[1]	*Deutsche Zeit*
Eastern Standard Time	Alle Staaten an der Ostküste der USA sowie Vermont, Michigan, Indiana, Ohio, Pennsylvanien, West Virginia, Osthälften von Kentucky und Tennessee.	6 Stunden später
Central Time	Die großen Agrarstaaten des mittleren Westens (Wisconsin, Illinois, Minnesota, Kansas, Iowa, Missouri, Ostteile von Nord- und Süddakota und Nebraska sowie Texas, Oklahoma, Arkansas, Louisiana, Mississippi, Alabama und Westteile von Kentucky und Tennessee.	7 Stunden später
Mountain Time	Die Wüsten- und Gebirgsstaaten des Westens (Montana, Idaho, Wyoming, Utah, Colorado, Arizona, Neu-Mexiko) sowie Teile von Nord- und Süddakota und Nebraska.	8 Stunden später
Pacific Time	Die Westküstenstaaten (Washington, Oregon, Kalifornien) sowie Nevada.	9 Stunden später

[1] Manche Staaten erstrecken sich über mehr als eine Zeitzone. Ist nichts Besonderes angegeben, sind sie derjenigen Zone zugeordnet, zu der sie mehrheitlich gehören.

Der Jet Lag und wie man damit umgeht

Bei der Ankunft kann man also die Uhr gehörig zurückstellen und sich über die gewonnene Zeit freuen. Jedoch gibt es eine Uhr, die sich nicht so einfach auf vier Uhr nachmittags Ostküstenzeit zurückstellen lässt, nämlich die innere Uhr des Menschen. Für die bleibt's bei zehn Uhr nachts, und man kann es fühlen: Man wird müde, bald so müde, dass man kaum noch die Augen aufhalten kann, die sich ganz trocken anfühlen, weil sie auf die geschlossenen Lider der Nachtruhe eingestellt sind. Dabei ist es noch ganz hell draußen und man hat noch einen langen Tag vor sich.

Dieser Widerspruch zwischen äußerer Tageszeit und innerer Uhr wird hier *Jet lag* genannt. Man muss sich darauf einstellen, dass der Körper in den nächsten drei bis vier Tagen irgendwo zwischen amerikanischer und mitteleuropäischer Zeit hängen bleibt. Praktisch wird das zur Folge haben, dass man an den nächsten Abenden sehr früh müde wird und morgens sehr früh aufwachen wird. Man sollte aus der Not eine Tugend machen und die kommenden Tage entsprechend planen: Früh ins Bett, früh aus den Federn, weil man morgens sowieso nicht schlafen kann!

Es kann eine ganze Woche dauern, bis man sich völlig auf die neue Zeit eingestellt hat. Und es ist nicht nur der Schlaf-Wach-Rhythmus betroffen; das Verdauungssystem ist auch ganz durcheinandergebracht, da man jetzt zu anderen als den europäischen Zeiten Mahlzeiten einnimmt. Das kann zu allen möglichen Krankheitszeichen führen, vom Magendrücken über Sodbrennen bis zu einer Verstopfung - und natürlich zu nächtlichen Hungerattacken, denen man durch Besorgen eines gewissen Notfallproviants begegnen sollte. Das ist besonders wichtig, wenn man in einem Hotel übernachtet: Es kann passieren, dass man um drei Uhr nachts mit einem Bärenhunger aufwacht, weil ja in Deutschland Frühstückszeit ist: Drei plus sechs ist neun Uhr! Und nach meiner Erfahrung sollte man diesem Drang nachgeben, und wirklich dann (und nur dann) essen, wenn man Hunger hat.

Versucht man nämlich, seinem Magen den neuen Zeittakt brutal aufzuzwingen, dann zahlt der das mit den genannten Krankheitszeichen heim.

Bei der Rückkehr nach Europa erfährt man natürlich eine Zeitverschiebung in umgekehrter Richtung. Welcher *Jet lag* schlimmer ist - derjenige bei der Hinreise westwärts, oder bei der Heimreise ostwärts - ist unter Vielreisenden eine beliebte Streitfrage. Eine knappe Mehrheit scheint dafür zu plädieren, dass der *Jet lag* beim Reisen in westlicher Richtung hartnäckiger ist, während man ihn in der Gegenrichtung mit folgender Rosskur schnell bewältigen kann: Die Flugzeuge aus den Vereinigten Staaten kommen normalerweise zwischen sechs und acht Uhr morgens in Mitteleuropa an - also mitten in der Nacht nach der amerikanischen Zeit, an die man sich ja inzwischen mühselig gewöhnt hat. Nichts läge also näher, als sich auf kürzestem Wege in die Federn zu begeben, um wenigstens noch etwas von der Nachtruhe abzubekommen, die einem die *Crew* im Flugzeug mit großem Eifer vorenthalten hat. Die Rosskur besteht nun darin, diesem Drang tapfer zu widerstehen, unter die kalte Dusche zu springen, sich mit Kaffee vollzupumpen und irgendwie den Tag durchzuhalten. Dann ist man nämlich am Abend so erschlagen, dass man ohne weiteres einschläft, so wie man es nach mitteleuropäischer Zeit sollte, ob es nun in Amerika erst vier Uhr nachmittags ist oder nicht.

Die ersten Schritte am Reiseziel

Nach den Visa- und Zollformalitäten, die normalerweise reibungslos ablaufen, folgt man den Schildern zum *Baggage Claim* (Gepäckrückgabe) und anschließend zur *Ground Transportation (Verkehrsmittel).* Dort stehen Busse, Taxis und manchmal auch Züge zur Verfügung; am Informationsschalter erfährt man die Einzelheiten. **Busse:** Die meisten großen Hotels in Flughafennähe bieten kostenlose Pendelbusse an, und auch viele Flughäfen bieten einen kostenlosen Bus-Service vom Flughafengelände zu Parkplätzen oder öffentlichen Verkehrsmitteln. **Taxis:** An größeren Flughäfen kann man nicht einfach selbständig zum nächstbesten Taxi gehen; es gibt hier *Taxi Dispatcher* (Verteiler), die gemäß dem Ziel den ungefähren Preis bestimmen und ein Taxi zuweisen. Dort steigt man hinten ein - nur wenn es die Zahl der Passagiere erfordert, wird der Beifahrersitz genutzt. Das Dispatcher-System ist natürlich dazu da, den schlimmsten Betrug an ahnungslosen Touristen zu verhindern, aber dennoch ist das System nicht absolut sicher. Betrügereien und weit überhöhte Fahrpreise kommen leider durchaus vor. Der einzig mögliche Schutz ist, sich vorher beim *Taxi Dispatcher* kundig zu machen, was die Fahrt vom Flughafen zum Ziel kosten darf, und mit dieser Kenntnis ausgestattet mit dem Taxifahrer den Preis vor der Fahrt zu verhandeln. **Shuttle bus (Pendelbus):**Viel Geld kann man sparen, indem man statt im Taxi im Kleinbus vom Flughafen zum Zielort gelangt. Ein solcher *shuttle* kann billiger sein, da er mehreren Personen Platz bietet und in mehreren Stopps jeden an sein Ziel bringt. Das kostet natürlich etwas mehr Zeit. Außerdem muss man bis zu einer halben Stunde warten, bis der nächste Kleinbus kommt.Reservierungen können diese Wartezeit erheblich verringern. Doch es lohnt sich: Man wird zu einem Drittel des Taxifahrpreises ebenfalls bis zur Haustür gebracht.

$$ Kleinbusse kosten die 1/2 bis ein 1/3 eines Taxis.

U-Bahn, Züge: Leider sind nur wenige amerikanische Flughäfen mit solchen Verkehrsmitteln verbunden. Boston und Philadelphia bilden da rühmliche Ausnahmen. Abschreckendstes Beispiel ist der JFK-Flughafen von New York: Vom Flughafen bis zur Stadt dauert es geschlagene zwei Stunden - eine abenteuerliche Reise mit Bus, Bahn und U-Bahn! Wenn New York das Ziel ist, fliegt man besser über Newark in New Jersey ein; von dort dauert es nur eine knappe Stunde bis zur Stadt. **Leihwagen:** Normalerweise bieten die großen Verleihfirmen (Avis, Budget, Hertz) kostenlose *shuttles* an, die zwischen dem Flughafengebäude und dem Verleihzentrum hin- und herpendeln.

„Money talks." (Am. Sprichwort)

4. Zahlungsverkehr und Geschäftsgebräuche

Banknoten

Die Landeswährung ist bekanntlich der *US-Dollar,* abgekürzt „USD" oder „$", im Slang *Buck* [Back] genannt (Slang = nachlässige Umgangssprache). Der Grund, warum alle US-Amerikaner mit beeindruckend dicken Banknotenbündeln hantieren, ist einfach der, dass die meisten Scheine nur einen geringen Wert haben: Es gibt Geldscheine im Wert von **100, 50, 20, 10, 5 Dollars** und die **1-Dollar-Note.** Am gebräuchlichsten sind folgende Banknoten: 1 $, 5 $, 10 $ und 20 $. Schon mit einer 50-Dollar-Note können beim Bezahlen Probleme entstehen. Alle Banknoten haben die gleiche Farbe und Größe, so dass man schon genauer hinsehen sollte, womit man bezahlt und was man zurückbekommt (siehe Bildteil). So unpraktisch diese Gleichförmigkeit der verschiedenen Banknoten auch scheinen mag, sie hat doch einen wichtigen Vorteil: Niemand kann es sehen, falls man wirklich viel Geld bei sich hat.

Münzen

100 *Cents* (Abkürzung: „cts") sind ein Dollar. Als Münzen gibt es zunächst **1-, 5-, 10- und 25-Cent-Stücke,** die jeweils einen besonderen Namen haben: *Penny* (1 Cent), *Nickel* (5 Cents), *Dime* (10 Cents) und *Quarter* (25 Cents). Diese Namen sind so gebräuchlich, dass man sie kennen sollte. Man findet sie zum Beispiel auf Bedienungsanweisungen von Automaten. Da die Prägungen der Münzen keine oder nur schwer erkennbare Zahlen enthalten, sollte man

sich mit ihren charakteristischen Kennzeichen vertraut machen: Der Penny ist rötlich und die anderen drei Münzen sind silbern. Der Nickel ist größer als der Dime und hat einen glatten Rand, der Dime einen geriffelten. Der Quarter ist die größte dieser vier Münzen, sein Rand ist ebenfalls geriffelt (siehe Bildteil).

1-Dollar-Münzen sind selten. Münzsammlern sei folgender Tipp gegeben: Die Automaten der *„Path"*-U-Bahn zwischen New Jersey und Manhattan „spucken" als Wechselgeld für 5-Dollar-Noten vier große silberne Münzen im Wert von je einem Dollar aus. Wenn man allerdings versucht, die Dinger loszuwerden, dann kann es schon vorkommen, dass die Verkäuferin oder der Zeitungshändler sie von beiden Seiten studiert und dann kopfschüttelnd zurückweist. Verdächtigerweise nehmen selbst die *„Path"*-Automaten, von denen die Münzen ja stammen, sie nicht als Zahlungsmittel entgegen. Münzsammler aufgepasst: **Halbdollar-Münzen** *(Half Dollar)* sind noch seltener. Letztlich hab' ich eine solche als Wechselgeld für mein *Frozen Yoghurt* (gefrorener Jogurt) bekommen. Der Verkäufer hat mich sicherheitshalber gefragt, ob ich die Münze als Zahlungsmittel anerkenne.

Der Kampf der Geschlechter macht offensichtlich auch vor der Größe von Münzen nicht Halt: Die silberne 1-Dollar-Münze, die auf der Vorderseite Dwight D. (David) Eisenhower zeigt (1890 - 1969, 34. Präsident der USA), hat einen Durchmesser von 3,7 Zentimetern. Die silberne 1-Dollar-Münze namens *„Susan",* benannt nach Susan B. Anthony, misst nur 2,6 Zentimeter. Susan Brownell Anthony (1820 - 1906) war eine US-amerikanische Frauenrechtlerin, die sich für die Abschaffung der Sklaverei einsetzte und die amerikanische Frauenstimmrechtsbewegung organisierte[2]. Selbst die Halbdollarmünze mit dem Kopf von JFK (John Fitzgerald Kennedy, 1917 - 1963, 35. Präsident der USA) ist größer als *„Susan":* 3 Zentimeter Durchmesser.

[2] Brockhaus-Enzyklopädie, 19. Auflage, 1986, Band 1, Seite 629

Reiseschecks

Reiseschecks *(Traveller Checks)* sind fast so gut wie Bargeld. Ich konnte mit meinen Schecks, ausgestellt von American Express, alles bezahlen, vom Taxi bis zur Stereoanlage. Beim Bezahlen mit diesen Schecks muss man Datum und Ort ausfüllen, und man muss sie im Beisein dessen, der sie entgegennimmt, unterschreiben. Allerdings wird manchmal verlangt, dass man sich ausweist. US-Amerikaner tun das mit ihrem Führerschein, aber welcher USA-Besucher hat schon einen amerikanischen Führerschein? Es ist daher klug, vor einem größeren Kauf, der mit Reiseschecks finanziert werden soll, zu fragen, ob die Dokumente, die man bei sich hat, (z. B. internationaler Führerschein) zur Identifikation ausreichen.

Kreditkarten

Master- und Visacard sind die am meisten verbreiteten Kreditkarten; sie sind ein praktisch überall akzeptiertes Zahlungsmittel. Man sollte sich eine solche Karte bei seiner Bank besorgen, bevor man in die USA reist. Die American Express Card ist ebenfalls weithin akzeptiert.

Wer eine Eurocard besitzt, kann mit ihr dort bezahlen, wo die Mastercard angenommen wird: Jede Eurocard trägt auch das Mastercard-Zeichen.

Wechselkursverluste

Wenn man mit einer Kreditkarte (Master, Visa oder American Express) die ausgegebenen Dollars bezahlt, dann wird das Konto zu Hause belastet. Der dabei zu Grunde gelegte Wechselkurs kann in seiner Höhe je nach Karte schwanken, und die anfallenden Gebühren sind nicht unbeträchtlich. Dies sind Dinge, die man vor der Abreise mit der Bank beziehungsweise der Kreditkartengesellschaft klären sollte.

Schecks einer U.S.-Bank

Natürlich wird man nur, wenn man länger in den USA bleiben will, ein Girokonto bei einer amerikanischen Bank einrichten; in einem solchen Fall bekommt man ein Scheckheft. Es ist allgemein üblich, die monatlichen Belastungen wie Strom, Telefon und Miete mit Schecks zu bezahlen - unglaublich umständlich im Vergleich zum viel weiter verbreiteten automatischen Bankverkehr in großen Teilen Europas (Einzugsermächtigungen, Daueraufträge).

Man kann mit Schecks auch in Restaurants und Geschäften bezahlen; im allgemeinen werden sie gut akzeptiert, wenn man sich im selben Bundesstaat wie die ausstellende Bank befindet, oder wenigstens in einem Nachbarstaat, und wenn man sich mit einem amerikanischen Führerschein ausweisen kann.

Man wird aber Probleme haben, wenn man mit den Schecks seiner lokalen Bank an einem weiter entfernten Ort bezahlen will. Der Grund dürften gesetzliche Hürden sein, die bisher Banken daran hinderten, Filialen jenseits der Grenzen des Heimatstaates zu öffnen. Es wird zur Zeit diskutiert, diese Gesetze zu ändern.

Bargeld und bargeldloses Bezahlen

Eines der in Europa ausgestreuten Gerüchte ist, dass in den USA Bargeld nicht gerne gesehen sei und sogar Misstrauen errege. Das ist Unsinn: Bargeld ist überall ein gern gesehenes Zahlungsmittel; die grünen „Scheinchen" haben immer noch eine ungebrochene Überzeugungskraft: „*Money talks.*" („Bargeld lacht"), wie die Leute hier sagen.

Eine Kreditkarte (American Express, Diner's, Master, Visa) ist vor allem dann von großem Nutzen, wenn man Geschäfte am Telefon erledigt, wie z. B. eine Flugbuchung, eine Hotelreservierung oder eine Theaterkartenbestellung.

Telefongeschäfte

Das führt zu einem weiteren Finanzthema, nämlich den **Telefongeschäften:** Es ist in den USA üblich, Flugtickets, Theatertickets oder Hotelübernachtungen am Telefon zu buchen und auch zu bezahlen - nicht nur bargeldlos, sondern auch unterschriftslos, durch die bloße Angabe seiner Kreditkartennummer. Das Geld wird dann über die Kartengesellschaft abgebucht.

Wie man sich vorstellen kann, ist diese Methode mit Gefahren behaftet. Ich denke da nicht so sehr an das Abbuchen weit überhöhter Beträge: Man bekommt ja irgendeine Form von Quittung mit einem Preis darauf, und wenn zuviel abgebucht wurde, kann man das sicher anhand dieser Unterlagen zurückfordern.

Das Problem besteht darin, dass man keine Sicherheit hat, den angepriesenen „Super-Sonder-Sparpreis" zu bekommen, wegen dem man schließlich angerufen hat. Ich spreche wieder einmal aus bitterer Erfahrung, die mich achtzig Dollars Lehrgeld gekostet hat. Wie kann man sich davor schützen?

Durch folgende Maßnahmen: Datum des Anrufs und Namen des Gesprächspartners schriftlich festhalten; klar machen, dass man nicht lediglich reservieren, sondern den Kauf hier und jetzt durchführen will, und unbedingt eine schriftliche Bestätigung mit Preisangabe fordern, wenn möglich sofort per Telefax.

Lügenpoker - ein lustiges Spiel mit grünen Scheinchen

Geld macht nicht glücklich, aber etwas Spaß kann man schon haben mit den grünen Scheinchen, und zwar so: Alle Dollarscheine haben auf der Kopfseite eine grüne Nummer mit achtstelliger Ziffernfolge, wie zum Beispiel F 40497415 B.

Jede Spielerin und jeder Spieler - und es sollten mindestens drei sein - hält einen 1-Dollar-Schein so in der Hand, dass die anderen die grüne achtstellige Ziffernfolge nicht lesen können. Die Frage ist: Wieviele Zweier enthalten die Ziffernfolgen aller Spieler insgesamt? Und wieviele Dreier, Vierer, und so weiter, bis zur Null, die als 10 zählt, und zur 1, die als 11 oder Ass zählt.

Ein Spieler startet mit einem Gebot, wie zum Beispiel „Drei Zweier"; der nächste Spieler reihum muss dieses Gebot übertreffen, indem er mindestens „Vier Zweier" oder „Drei Dreier" bietet. Wenn man selbst in der eigenen Nummer viele gleiche Ziffern hat, kann man natürlich hoch reizen.

Wem's zu bunt wird, der darf aussteigen, anstatt zu bieten. Wenn alle aussteigen, d.h. keiner mehr höher gehen will, dann werden die Karten - ich meine, die Scheinchen - aufgedeckt. Wenn mindestens so viele Ziffern einer Sorte vorhanden sind wie der letzte Bieter gesagt hat, dann gewinnt er alle Scheinchen. Andernfalls muss er in die Tasche greifen und jedem Spieler einen Dollar auszahlen.

Wem der Einsatz nicht hoch genug ist: *Lier's Poker* kann man auch mit 20-Dollar-Scheinen spielen!

5. Telefonieren

Telefonieren in den USA will gelernt sein: Zum einen sind die Gebräuche und Regeln hier ganz anders, und zum anderen ist Telekommunikation hier viel weiter entwickelt als unter einem fortschrittshemmenden staatlichen Monopol. Damit meine ich vor allem die durch die Digitaltechnik möglichen automatischen Antwort- und Nachrichtensysteme, die dem Telefon ganz neue Möglichkeiten eröffnen, mit denen umzugehen man erst lernen muss.

Es ist vielleicht interessant zu wissen, dass es auch in den USA ein großes - allerdings privates - Monopol für lokale Telefongespräche gab, nämlich AT&T. Das Unternehmen wurde 1982 aufgrund einer höchstrichterlichen Antimonopolentscheidung in sieben regional begrenzte Gesellschaften geteilt, die sogenannten *Baby Bells*. Diese lokalen Telefongesellschaften haben immer noch ein Teilmonopol:

Innerhalb eines Gebietes gibt es ausschließlich eine *Baby Bell*-Gesellschaft, und sie und nur sie ist für lokale Gespräche zuständig. Daneben gibt es mehrere so genannte *Long Distance Carriers* für die Ferngespräche: AT&T, MCI, Sprint, um nur die größten zu nennen. Und diese Gesellschaften sind keine Monopolisten - im Gegenteil, sie stehen in einem extremen Wettbewerb zueinander.

Zur Zeit schrecken sie vor beinahe keiner Methode zurück, um sich gegenseitig Kunden abzujagen, nicht einmal vor aktiver Bestechung: Eine der großen Gesellschaften hat mir 50 Dollar angeboten, um mich als Kunden zu gewinnen! Zusammenfassend: Lokalgespräche werden von Lokalmonopolen geschaltet; man kann nicht zwischen verschiedenen Unternehmen wählen. Ferngespräche werden von konkurrierenden Gesellschaften geschaltet; man hat die Wahl zwischen verschiedenen Unternehmen.

Nach dieser Vorrede nun zu den *nuts and bolts* (Schrauben und Schraubenmuttern, d.h., der Mechanik) des Telefonierens: Eine amerikanische Telefonnummer besteht aus einem dreiziffrigen *area code* (Gebietsvorwahl) und sieben weiteren Ziffern. Die Gebietsvorwahl wird üblicherweise in runden Klammern angegeben, weil man sie nur wählen muss, wenn man von einem anderen Gebiet aus anruft. Beispiel:

(401) 813-9711

Bei Gesprächen innerhalb der USA ist vor der Gebietsvorwahl immer noch die Eins vorzuwählen; man wählt also 1 - 401 - 813 - 9711. Verwirrend? Kaum, denn innerhalb Deutschlands beginnen ja auch alle Vorwahlen mit derselben Ziffer, nämlich der Null. Nur wird in Deutschland die Null angegeben, in den USA dagegen die Eins nicht.

Mit Beispielen wird alles sonnenklar: Ich bin in *area* 201 und will die Nummer 201-504-8199 anrufen. Ich wähle 504-8199. Um die Nummer 401-813-9711 zu erreichen, muss ich wählen: 1-401-813-9711.

Nummern in einem anderen Bundesstaat haben andere Gebietsvorwahlen, aber auch im selben Staat kann es verschiedene Vorwahlen geben. Wieviele es gibt, hängt von der Bevölkerungsdichte ab; zum Beispiel hat der große Wüstenstaat *Nevada* (286 352 Quadratkilometer) nur einen *area code,* aber das winzige, sehr dicht besiedelte *New Jersey* (20 295 Quadratkilometer) zwei.

800er Nummern

In Anzeigen und auch anderen Werbemitteln werden oft Nummern mit einem *area code* von 800 angegeben. Diese Vorwahl ist nicht wirklich ein *area code,* sondern für Firmen oder Personen reserviert, die kostenlos erreichbar sein wollen. Mit anderen Worten: Nummern, die mit 800 anfangen, sind für den Anrufer gebührenfrei *(toll-free)*. Zu beachten ist, dass auch hier, wie bei herkömmlichen *area codes,* die Eins vorzuwählen ist, auch wenn sie nicht angegeben ist.

900er Nummern

Nummern, die mit 1-900 beginnen, sind nicht etwa gebührenfrei - nein, sie kosten sogar eine Extragebühr. Der Grund ist, dass es sich hierbei um kommerzielle Telefondienste handelt, die bezahlt sein wollen. *„$ 3 a minute and your wildest dreams come true."* („Für 3 Dollars in der Minute werden Ihre wildesten Träume wahr.")

Mittlerweile hat sich eine Unzahl mehr oder weniger nützlicher Informationsdienste für jeden Bedarf etabliert, die man für eine Extragebühr pro Minute „anzapfen" kann, wie zum Beispiel die Beratungsdienste für Haustierprobleme, Einstufungen von Versicherungsgesellschaften oder Verbrauchernachrichten. Und hat man die letzte Folge von *„Dynasty" (=„Denver Clan")* versäumen „müssen", dann helfen solche Dienste aus der Klemme: Man wählt eine bestimmte Nummer und bekommt Informationen über die neuesten Geschehnisse der „unverzichtbaren" TV-Serien.

Telefonieren ins Ausland

Man muss **011+Ländercode+Ortsvorwahl ohne die Null** vorwählen. Der Ländercode für Deutschland ist 49, für die Schweiz 41, für Österreich 43, für England 44 und für Frankreich 33. Beispiel: Wenn ich die deutsche Nummer 06032-34567 erreichen will, dann wähle ich 011-49-6032-34567.

Für Kanada sowie bestimmte Karibik-Inseln braucht man keine Ländervorwahl: Diese Länder haben *area codes,* als ob es sich um US-amerikanische Bundesstaaten handele. Man wählt also: 1 + *area code* + Nummer.

Wie man Telefonnummern findet

Zunächst einmal gibt es Telefonbücher und sie haben weiße oder gelbe Seiten. Die gelben Seiten *(yellow pages)* enthalten Rufnummern von Firmen und die weißen Seiten *(white pages)* private Rufnummern.

Darüber hinaus gibt es blaue Seiten *(blue pages)* mit den Nummern der Ämter und öffentlichen Einrichtungen. Sie sind gemäß der politischen Gliederung des Landes geordnet: *Local Government, County Government, State Government, Federal Government.*

Ein weiterer Unterschied: Die privaten Nummern sind nicht nach Ortschaften geordnet, weil es „Ortschaften" in unserem Sinn als abgeschlossene geographische Einheiten oft gar nicht gibt. Es gibt allerdings ein Buch für bestimmte Teilgebiete eines *area codes,* und innerhalb dieser Gebiete besteht eine alphabetische Ordnung nach den Namen der Anschlussbesitzer.

> **Tipp:** Die ersten Seiten der Telefonbücher enthalten viele nützliche Informationen über die Region, wie Touristenziele, Theater, Fahrpläne öffentlicher Verkehrsmittel, U-Bahn-Netzpläne, etc. Man findet sogar äußerst nützliche mehrfarbige Straßenkarten.

Und dann gibt es selbstverständlich die **Telefonauskunft** *(directory assistance):* Ihre Nummer ist 1+ *area code* + 555 1212. Das gilt auch für den Pseudo-*area code* 800: 1-800-555-1212. Sucht man eine Nummer mit der eigenen Vorwahl, dann wählt man einfach 411.

Mein area code ist 215 und ich will erreichen ...	*... dann muß ich wählen:*	*Erläuterungen*
(215) 345 6789	345 6789	Im selben Gebiet muss der *area code* weggelassen werden.
(401) 234 5678	1-401 234 5678	Innerhalb der USA wird allen Vorwahlnummern oder *area codes* eine 1 vorangestellt.
NOTFALL!	911	In den meisten Gebieten.
Auskunft (lokal)	411	
Auskunft für (z.B.) area 401	1-401 555 1212	
06032/34567 in Deutschland	011-49 6032-34567	Ländercode für Deutschland ist 49, Vorwahl ohne 0.
(604) 111-2222 in British Columbia, Canada	1-604-111-2222	Für Kanada ist kein Ländercode nötig.

Anrufe in die USA

Die Formel dafür ist: Ländercode der USA + Gebietsvorwahl **ohne die 1** + siebenstellige Telefonnummer. Der Ländercode der USA ist 1 (zumindest hier sind und bleiben die USA *„second to none"* = an erster Stelle), und damit wählt man zum Beispiel von Deutschland aus 001 (215) - 123 4567.

Natürlich sollte man bei Anrufen von und nach Europa die Zeitverschiebung beachten: Mitteleuropäische Zeit ist sechs bis neun Stunden später als amerikanische Zeit, abhängig vom Ort, an dem man sich befindet. Wenn man also auf die Idee kommt, seine Familie um 19.00 Uhr lokaler Zeit anzurufen, dann klingelt man sie garantiert aus dem Bett, denn in Mitteleuropa ist es dann 1 Uhr nachts.

„Buchstabennummern"

Wie ist der folgende Anzeigentext zu verstehen? SIMPLY CALL FOR YOUR FREE VACATION GUIDE. FIND OUT ALL THE GREAT THINGS VIRGINIA BEACH HAS TO OFFER. CALL TOLL-FREE 1-800-VABEACH. *Toll-free* heißt gebührenfrei, und diese Angabe ist überflüssig, weil die Nummer mit 800 anfängt und damit automatisch gebührenfrei ist. Aber wie ist die rätselhafte „Nummer" VABEACH zu verstehen? Ganz einfach: Wenn man das Ziffernfeld eines US-amerikanischen Telefons anschaut, dann sieht man, dass jeder Zahl außer der Eins drei Buchstaben zugeordnet sind:

2 = A B C
3 = D E F
4 = G H I
5 = J K L
6 = M N O
7 = P R S
8 = T U V
9 = W X Y

VABEACH steht also für die Nummer 822-3224. Die Entschlüsselung von Buchstaben ist zwar etwas mühsam, aber es ist für das Gedächtnis so viel leichter, sich ein halbwegs sinnvolles Wort zu merken als eine Ziffernfolge!

Telefonieren von öffentlichen Apparaten aus

Ebenso wie in Europa ist das Telefonieren von öffentlichen Apparaten aus nicht immer praktisch - insbesondere, wenn man auf Münzen angewiesen ist. Man sollte daher auf keinen Fall das Gelingen eines Plans von einem öffentlichen Telefon abhängig machen! Vielleicht klappt's - vielleicht aber auch nicht. Oft muss man wie folgt vorgehen: Man nimmt ab und hört einen Dauerton. Dann wählt man, OHNE Geld einzuwerfen. Eine Stimme bestimmt gemäß der gewählten Nummer den Preis, den man dann bezahlt, woraufhin man verbunden wird. Personen, die kein Englisch verstehen, zum Beispiel Verwandte, die zu Besuch kommen, werden damit Schwierigkeiten haben. Man muss selbst herausfinden, was ein Anruf kosten wird, und es ihnen vorher sagen. Es gibt auch Münzfernsprecher, bei denen man Ortsgespräche nach derselben Methode wie bei uns führen kann: Man wirft zuerst Geld ein und wählt dann.

Ich will nicht verhehlen, dass mich öffentliche Telefone immer noch verwirren und ich sie vermeide, wenn es geht. Ein weiteres Thema ist, dass Gespräche in einen anderen *area code* von einem Münzfernsprecher aus enorm teuer sind und einen großen Vorrat an *Quarters* (25-*Cent*-Stücke) erfordern. Viel günstiger und praktischer ist es, an solchen Telefonen eine *calling card* zu benutzen - aber die bekommt man erst mit einem eigenen Telefonanschluss. Eine *calling card* enthält nichts anderes als eine besondere Vorwahl mit einer Geheimnummer: Wenn man diese Nummer vorwählt, wird man münzfrei mit der Zielnummer verbunden, und die Gebühr des Gesprächs erscheint auf der nächsten Telefonrechnung. Dazu braucht man natürlich einen amerikanischen Telefonanschluss. Der langen Rede kurzer Sinn: Mein einziger Tipp für Touristen ist, öffentliche Telefone nicht zum Teil irgendeines Plans zu machen.

Nervenspartipp: Möglichst keine öffentlichen Fernsprecher benutzen. Keinesfalls das Gelingen eines Plans von einem solchen Telefon abhängig machen!

Interaktive Anrufbeantworter

Nicht gleich auflegen, wenn man mit einer Tonbandstimme verbunden wird! Wahrscheinlich handelt es sich um keinen einfachen Anrufbeantworter. Es gibt hier interaktive Systeme, die dazu auffordern, bestimmte Tasten des Telefons zu drücken, um bestimmte Informationen oder sogar einen Gesprächspartner zu bekommen. Ein typisches Beispiel wäre (auf Deutsch übersetzt): „Herr xyz ist zur Zeit leider nicht erreichbar. Wenn Sie mit der Telefonzentrale sprechen wollen, dann wählen Sie ‚0'. Wenn Sie mit unserer Informationsstelle sprechen wollen, dann wählen Sie ‚1'. Wenn Sie mit unserem Zulassungsbüro sprechen wollen, dann wählen Sie ‚2‘. Wenn Sie eine Nachricht hinterlassen wollen, dann warten Sie auf den Ton ... ".

Viele Unternehmen ermöglichen, durch bloßes Drücken der Telefontastatur, Computerdatenbanken ganz ohne menschliche Beteiligung abzufragen: Zum Beispiel kann ich eine bestimmte Nummer bei American Express wählen, die mir gestattet, meine Kartennummer einzutippen und meinen derzeitigen Kontostand zu erfahren: durch eine automatische Stimme. Ein anderes Beispiel sind die US-amerikanischen Fluggesellschaften, die es ihren Kunden ermöglichen, Flugnummer und Datum telefonisch zu erfahren, woraufhin eine automatische Stimme die voraussichtliche Abflugs- oder Ankunftszeit ansagt. Neuerdings werden so genannte Spracherkennungssysteme eingeführt: Computer, die gesprochene Wörter erkennen können. Man braucht zum Beispiel nicht mehr ‚0' zu wählen, wenn man mit dem *operator* sprechen will, sondern man kann einfach *operator* sagen. Doch Vorsicht: Man sollte es mit amerikanischem Akzent aussprechen, sonst versteht der Computer nicht. Selbst ein britischer Akzent kann zu Problemen führen.

Die Möglichkeit, telefonische Nachrichten oder *Voice Mails* hinterlassen zu können, ist hier viel verbreiteter als bei uns, besonders in Firmen und sogar in Zimmertelefonen mancher Hotels. Das ist zum Teil deshalb so, weil man nicht für jedes Telefon einen Anrufbeantworter benötigt, sondern die amerikanischen Telefongesellschaften zentralisierte Lösungen anbieten, so genannte *Voice Mail - Systeme.* Auch wenn man selbst ein Telefon anschafft, kann man die Dienstleistung eines Anrufbeantworters gleichzeitig einkaufen - ohne tatsächlich ein Gerät anschaffen zu müssen.

Besondere Telefondienste

Das Folgende hat man sicher schon erlebt: Das Telefon klingelt und man kann aus irgendeinem Grund nicht abheben. Es klingelt immer weiter, es muss etwas Dringendes sein! Also beeilt man sich, rennt die Treppe hinunter, greift zum Telefon und - verflixt, zu spät! Was tun? Ganz einfach: Man drückt die „Sterntaste" und eine bestimmte Nummer, und die verbindet mit dem letzten Anrufer. O Wunder moderner Telekommunikation! Dies ist nur einer vieler praktischer Sonderdienste, die meine lokale Telefongesellschaft bietet und die man für eine geringe monatliche Gebühr kaufen kann. Andere Sonderdienste sind Kurzwahlcodes für lange Telefonnummern (praktisch für Anrufe nach Europa etc.), automatische Wahlwiederholung und vieles mehr. Solche Dienste kann man ebenfalls vorne im Telefonbuch finden. Letztlich habe ich mir einen neuen faszinierenden Service zugelegt: eine *Voice Mail Box* („Stimmenbriefkasten"): Jetzt können mir Anrufer Nachrichten hinterlassen, die zentral bei der Telefongesellschaft gespeichert werden und die ich dort mit einer Spezialnummer abrufen kann. Das funktioniert wie ein Anrufbeantworter, ohne dass ich mir ein Gerät kaufen musste.

6. Im Restaurant

A) Kleine Benimmschule der US-Umgangsformen

Die Gebräuche im Restaurant unterscheiden sich ganz erheblich von jenen in Europa, und wer die Spielregeln nicht kennt, wird ganz gewiss auffallen und zwar eher unangenehm. Es empfiehlt sich daher, sich mit den Spielregeln des Gastlandes ganz genau vertraut zu machen. Gehen wir der Reihe nach vor:

Bei der **Auswahl eines Restaurants** sollte man bedenken, dass die **Menüpreise Nettopreise** sind: Sie enthalten weder Steuern noch Bedienungsgeld, und beides zusammen kann bis zu einem Viertel der Rechnung ausmachen! Es ist also realistisch, dem Menüpreis ein Viertel hinzuzufügen.

Wenn man ein gutes Restaurant besucht, sollte man sich zunächst fragen, ob man gut genug angezogen ist. Es kann einen *dress code* (Kleiderordnung) geben, der z. B. Krawatte und Jackett vorschreibt - wobei Jackettzwang in der Regel bedeutet, dass das Jackett am Körper und nicht über dem Arm oder sonstwo zu tragen ist! Man ist hier in solchen Formsachen strenger als in Europa. Insbesondere Turnschuhe *(sneakers)* können unerwünscht sein.

Was aber tun, wenn man keine Krawatte und kein Jackett dabei hat? Zum Glück bieten viele Restaurants, die eine solche Ausstattung fordern, eine einfache und verblüffend amerikanische Lösung an: Man kann sich kostenlos die fehlenden Kleidungsstücke leihen.

Please wait to be seated - Anmerkungen zur Sitzordnung

Beim Eintreten wird man im allgemeinen - selbst in eher bescheidenen Gaststätten - von einem **Empfangschef** oder einer **Empfangschefin** begrüßt. Beide darf man nicht umgehen. Schließlich ist man Gast des Hauses und man wird daher formal korrekt an der Haustür oder im Eingangsbereich empfangen. Daher wird der Empfangschef ganz folgerichtig *host* (Gastgeber) genannt und die Empfangschefin *hostess* (Gastgeberin).

Sie werden gefragt werden, für wieviele Personen Sie einen Tisch benötigen. Nebenbei bemerkt: Dieser förmliche Empfang dient nicht nur Stil und Gastfreundlichkeit, sondern auch der ökonomischen Vernunft: Wenn man allein ist, also vermutlich nicht viel ausgeben wird, wird man eher an einem kleinen Zweisitzer platziert als am großen Ecktisch, der bleibt einer Gruppe vorbehalten.

In manchen Restaurants der unteren Preisklasse fehlt der Platzanweiser; am besten wartet man kurz an der Tür, und nur wenn niemand kommt, setzt man sich selbständig an einen Tisch. Während der kurzen Wartezeit kann man sich am Eingang umschauen: Manchmal gibt es Schilder, die die Situation klären (z.B. *Please wait to be seated).*

Wenn man sich selbst seinen Platz aussuchen muss, sollte man noch eine eiserne Regel beachten: In den USA setzt man sich nicht zu fremden Menschen - auch dann nicht, wenn sonst kein Platz frei ist. Man sollte auf keinen Fall scheinbar höfliche Fragen an schon sitzende Gäste richten („Ist hier noch was frei?"); US-Amerikaner würden das als Verletzung ihres privaten Raumes empfinden. Wenn man nicht reserviert hat und alle Tische besetzt sind, kann man sich in eine Warteliste eintragen lassen. Man wartet dann, zum Beispiel an der Bar, bis man aufgerufen wird.

Die Auswahl der Speisen und Getränke

Am Tisch verlangt man das *menu* (Speisekarte). Die englischen Wörter der wichtigsten Speisen sind nicht immer unmittelbar verständlich. Es sei hier nur erwähnt, dass *Entree* keineswegs Vorspeise bedeutet, sondern Hauptgang!

Insbesondere in nicht so teuren Restaurants kann es vorkommen, dass man auf der Getränkekarte keine alkoholischen Getränke findet. Das bedeutet, dass das Restaurant keine Alkohollizenz hat, denn eine solche Lizenz ist teuer. Im allgemeinen darf der Gast dann mitgebrachte alkoholische Getränke konsumieren.

Von „Soßenhöflichkeit" und anderen Großzügigkeiten

„No free lunches", sagt man hier, um anzudeuten, dass im Leben nichts umsonst ist, „keine freien Mahlzeiten" - aber freie Zugaben sind sehr üblich in diesem großzügigen Land. Es kommt häufig vor, dass der Kellner *(waiter)* etwas auftischt, das man gar nicht bestellt hat: Brot, Wasser, eine Suppe, Salat, Snacks, Tee oder Kaffee. Dagegen sollte man nicht vorschnell protestieren: Es handelt sich um Dinge, die im Menü inbegriffen sind und die Rechnung nicht belasten werden. Dasselbe gilt generell für Trinkwasser sowie für zusätzliche Kaffeeportionen *(refills):* Sie sind gratis. Ebenso kann man sich an den Bars mit Ketchup, Gewürzen, Saucen und dergleichem, die man in Schnellrestaurants findet, frei bedienen. Wie las ich doch neulich über einer solchen Saucenbar in einem mexikanischen Schnellrestaurant: *„Salsa Courtesy - Patrons only"*. „Soßenhöflichkeit - nur für Patrons?" Nein, gemeint ist: „Soßen umsonst, nur für Kunden"! Die Wörter *courtesy* und *complimentary* (*complimentary breakfast* im Hotel) signalisieren ganz allgemein, dass es etwas umsonst gibt.

Tipps für Schnäppchenjäger

Bei so viel allgemeiner Großzügigkeit: Gibt es wirklich keine *free lunches?* Einige Restaurants bieten zur sogenannten *Happy Hour* („Glückliche Stunde": freitags, gewöhnlich zwischen 17.00 Uhr und 19.00 Uhr), zur allgemeinen Förderung des Geschäfts, neben preisgünstigem Bier tatsächlich Gratisessen - meistens Snacks, manchmal sogar warme Mahlzeiten! Unglaublich, aber wahr. Und in den Empfangshallen guter Hotels kann man Gratiskaffee und manchmal kostenlose Häppchen finden.

Dies ist ein sonderbares Land: Man findet üppig sprudelnde Großzügigkeit - für die, die sie am wenigsten brauchen. Ein amerikanischer Geschäftsmann hat mir erklärt: Je reicher man ist, desto seltener wird man zur Kasse gebeten! Warum ist das so? Reiche sind einflussreich, Einflussreiche sind als Freunde begehrt, Freunde bewirtet man umsonst. Andererseits sind die Ärmsten gezwungen, sich aus Mülltonnen zu ernähren - eine Erscheinung, die häufig genug vorkommt, um sogar einen zynischen Ausdruck hervorgebracht zu haben: *Dumpster Dining,* was sich mit „Mülltonnenmahlzeit" übersetzen lässt. Wie man sich vorstellen kann, kommt es bei solcher Lebensweise gelegentlich zu Vergiftungen. Um dieses Risiko zu verringern, hat man hier ein Video mit Tipps zum *Dumpster Dining* produziert und an Gruppen und Behörden verteilt, die sich um die Armen kümmern. Wohl bekomm's!

Am Büfett wird nicht gedrängelt

Der Gebrauch von Ellenbogen am Büfett ist hier ein klares *„No no";* auch wenn noch eine Menge Platz am Büfett vorhanden ist, kann man nicht einfach geradewegs hingehen: Hier reiht man sich ein - in angelsächsischer Disziplin, ebenso wie übrigens an Bushaltestellen oder Bahnschaltern. Wenn man auf diese Verhaltensregeln nicht ganz bewusst achtet, wird man leicht Missbilligung hervorrufen.

Der Umgang mit dem Kellner

Die Freundlichkeit des Kellners wird dem durch rüde Behandlung in heimischen Restaurants abgebrühten Europäer fast übertrieben vorkommen:

Es ist hier aber normal, dass der Kellner den Gast so begrüßt wie einen alten Freund *(„How are you doing today?" = „Wie geht es Ihnen heute?"),* zum Essen einen guten Appetit wünscht *(„Enjoy"),* während des Essens alle zehn Minuten vorbeikommt und fragt, ob auch wirklich alles in Ordnung sei *(„How is everything?" „Is everything okay?"),* und sich nach dem Essen vergewissert, ob auch alles in Ordnung war *(„How was everything?").* Deutsche neigen dazu, diese Frage mit *„o.k."* zu beantworten. Das sollte man nicht tun! Denn während im deutschen Sprachgebrauch *„o.k."* ja ein gutes Urteil bedeutet, klingt hierzulande *„o.k."* wie „gerade noch ausreichend". Man antwortet am besten *„very good"*, egal, wie es nun wirklich war.

US-Amerikanische Essensportionen sind meistens größer als europäische, und wahrscheinlich wird man nicht alles essen können. Wenn man will, kann man sich den Rest einpacken lassen und mitnehmen. Das Stichwort hierfür heißt *Doggy Bag,* also „Hundebeutel", denn so nennt man die Schachteln, in die die Reste verpackt werden - so als ob sie für den Haushund bestimmt seien. (Natürlich weiß jeder, für wen sie wirklich bestimmt sind.) Das ist hier üblich, und man kann es selbst in den besten Restaurants tun, ohne sich zu schämen.

Amüsiert erinnere ich mich dagegen an folgende Szene in einem ziemlich teuren Restaurant in Frankreich: Meine Kollegin, eine noch nicht ganz europäisierte US-Amerikanerin, ließ sich sehr zur allgemeinen Betretenheit nach dem Essen die Reste einpacken, als ob es das Selbstverständlichste der Welt sei. Zum Glück war dieses Restaurant offenbar internationale Gäste gewohnt, und *Doggy Bags* waren tatsächlich vorhanden.

The check, please - Wie man zahlt, ohne unangenehm aufzufallen

Nun zum komplizierten Teil: der Bezahlung. „Die Rechnung, bitte" heißt, *„The check, please"* (*bill* für Rechnung sagt man nur in Großbritannien). Neben dem Speisekartenpreis findet man darauf auch eine getrennt ausgewiesene *tax* (Steuer), deren Höhe vom Bundesstaat abhängt.

Darüber hinaus hat der Kellner einen **Anspruch auf ein Bedienungsgeld** *(tip),* das mindestens 10% des Rechnungsbetrags ohne die Steuer betragen muss. Dieses Geld ist eben kein Trinkgeld, sondern die Bezahlung für den geleisteten Service des Kellners; sie ist **sein Gehalt.**

Den Mindestsatz von 10% zahlt man bei schlechtem Service; wenn der Service gut war, dann bezahlt man bis zu 20%. Meistens zahlt man 15%. Fünfzehn Prozent lassen sich relativ leicht ausrechnen: Man addiert ein Zehntel plus die Hälfte eines Zehntels. Wem das zu kompliziert ist, dem wird die *tip*-Tabelle im Kapitel 16 helfen (Seite 183).

Nur in Ausnahmefällen ist das Bedienungsgeld Teil der Rechnung. Das ist dann aber ausdrücklich als Extraposten auf der Rechnung erwähnt, oft unter der offiziellen Bezeichnung *gratuity*. Diese Ausnahmen findet man vor allem in Orten mit vielen Touristen, die das amerikanische System nicht verstehen (wollen) und daher kein Bedienungsgeld zurücklassen.

Manche Restaurants schließen das Bedienungsgeld ebenfalls automatisch ein, wenn sich die Rechnung auf eine Gruppe bezieht, die eine bestimmte Größe überschreitet. Auf alle Fälle empfiehlt es sich, nicht automatisch die 15% hinzuzurechnen, sondern zunächst die Rechnung genau zu lesen, damit man nicht aus Versehen das Bedienungsgeld doppelt bezahlt. Eine weitere Besonderheit ergibt sich, wenn man nicht alleine isst: Es gibt nur **eine Rechnung pro Tisch.** Man sollte nicht auf getrennten Rechnungen bestehen, das ist absolut unüblich. Meistens dividiert man die Rechnung in gleiche Anteile und jeder zahlt seinen Anteil. Bei vielen Personen ist das aber unpraktisch, und man geht wie folgt vor:

Jeder legt genug Geld in die Mitte, um seinen Verzehr plus Steuern und Bedienungsgeld zu bezahlen. Wie üblich nimmt das der Kellner und rechnet das Wechselgeld genau ab. Davon bezahlt man das Bedienungsgeld, und weil keiner geizig erscheinen wollte, bleibt eine Restsumme übrig. Die gibt man einfach dem, der am schwächsten protestiert.

Bei **Barzahlung** bezahlt man den Rechnungsbetrag einschließlich Steuern und lässt das Bedienungsgeld auf dem Tisch zurück. Wenn man es nicht passend hat, wird der Kellner das Wechselgeld *(change)* auf den letzten Cent genau zurückbringen. Es ist ganz zwecklos, ihm anzudeuten, das Bedienungsgeld sei enthalten, auch wenn Rechnungsbetrag plus Bedienungsgeld eine schöne runde Summe ergeben. Der Kellner wird das Wechselgeld auf Heller und Pfennig zurückbringen und erwarten, dass man das Bedienungsgeld auf dem Tisch zurücklässt.

Bei **Bezahlung mit Kreditkarte** bekommt man ein Formular, auf dem ein Feld für das Bedienungsgeld vorgesehen ist (hinter dem Wort *tip* oder *gratuity).* Nach der Unterschrift reißt man die *Customer's Copy* ab (Kopie für den Karteninhaber) und lässt den Rest auf dem Tisch liegen.

Wenn der Kellner zwar die Rechnung bringt, dann aber nicht zum Kassieren zurückkommt, sollte man sich einmal im Restaurant umsehen. Wenn man eine leicht zugängliche **Registrierkasse** entdeckt, oft in der Nähe des Ausgangs, dann wird erwartet, dass man mit der Rechnung dorthin geht und bezahlt. Aber auch dann lässt man das Bedienungsgeld auf dem Tisch zurück.

Was im Rechnungsbetrag (nicht) eingeschlossen ist

Art der Kosten	*Speisekartenpreis*	*Rechnung*
Grundpreis	ja	ja
Steuer (4-8 %)	NEIN	ja
Bedienungsgeld (10-20 %)	NEIN	NEIN

B) Jenseits von Fast Food

Merke: ***Der neugierige Gaumen findet überall ein Zuhause***

Jetzt kommt die gute Nachricht, eine erfreuliche Überraschung, die verblüffende Widerlegung eines der schäbigsten Vorurteile, das sehr viele Deutsche gegen die Vereinigten Staaten hegen: US-amerikanisches Essen beschränkt sich nicht nur auf einige Boulettensorten. Zunächst einmal gibt es hier nicht nur Hamburger-Ketten, sondern zahlreiche andere *Fast Food*-Ketten, die sich in Europa nicht so durchgesetzt haben. In vielen dieser Ketten bekommt man für sein Geld einen guten Gegenwert. Der Vorteil solcher Ketten ist, dass jedes einzelne Lokal die gleichen Produkte bietet und durch einen Lizenznehmervertrag an Qualitätsstandards gebunden ist. So weiß man auch in einer wildfremden Stadt, was man erwarten darf, wenn man das vertraute Firmenzeichen sieht.

Aber es gibt nicht nur *Fast Food.* US-amerikanische Restaurants haben auch ein anspruchsvolles Publikum zu befriedigen, das sich nicht nur auf Steak und fetttriefende „Fritten” beschränkt. Im Gegenteil: Große Teile der gesundheitsbewussten Bevölkerung ziehen leichte Küche vor. Diese amerikanischen Gäste sind wählerisch und qualitätsbewusst, und demzufolge gibt es hier bei weitem mehr kulinarische Lichtblicke als (nicht nur französischsprachige) Skeptiker vermuten würden. Zum Beispiel gibt es bemerkenswerte Regionalküchen, wie die südwestliche Küche, oder die für ihre pikanten Gerichte bekannte *Kagan* - Küche [Keidschen] aus der ursprünglich französischsprachigen Region von *Louisiana.*

Aber auch in ganz „normalen”, typisch US-amerikanischen Restaurants findet man unbekannte und originelle Gerichte, die man unbedingt probieren sollte. Ich denke da vor allem an Fisch und Meeresfrüchte, die man wegen der langen Küsten des Kontinents sowie der riesigen Seen im Norden überall frisch und günstig bekommen kann. Und dann darf man die Salate nicht vergessen: Die Leute hier sind große Salatliebhaber, Gemüse gibt es in Spitzenqualität, und als Konsequenz findet man hier die vielleicht besten Salate der Welt. Doch fangen wir vorne an, nämlich mit dem Frühstück:

Frühstück

Zum Frühstück *(breakfast)* „tankt” sich der echte US-Amerikaner mit Rühreiern, Schinkenspeck, „Fritten” und ähnlichem auf. Doch zum Glück gibt es heutzutage leichtere Alternativen, so zum Beispiel den beliebten *French toast:* Toastbrot in einer Tunke aus Eiern und Milch gebrutzelt, über das man großzügig Butter zerlässt und Ahornsirup gießt - keine schlechte Art, einen Urlaubstag zu beginnen!

Und dann gibt es auch süße, leichte Kost, wie *Bagels, Muffins* und guten, traditionellen Reispudding mit Mich, Zucker und Zimtkäppchen. *Bagels* sind eine Art Brötchen und *Muffins* sind mäßig süße, kleine Kuchen in Pilzform aus einer Art Mürbeteig mit recht sättigender Wirkung. Oft gibt es auch Croissants und Stückchen *(pastry),* vor allem Plunderstückchen, die hier *Danish* [Deynisch] heißen - aus ebenso unbekanntem Grund wie eine gewisse Stückchenart in Deutschland „Amerikaner" genannt wird. Für viele US-Amerikaner unentbehrlich sind *cereals,* das sind süße Getreideflocken, die man in Milch aufweicht.

Mittagessen

Das Mittagessen *(lunch)* ist gewöhnlich leicht und besteht beispielsweise nur aus einer Suppe und Salat. Die wichtigste Mahlzeit ist das Abendessen oder *dinner.*

Abendessen

Ein gutes *dinner* besteht aus mehreren Gängen. **Vorspeisen:** Im ganzen Land beliebte und leckere Vorspeisen *(appetizers, starters)* sind *Bufallo Chicken Wings, Chicken Fingers,* und *Mozarella Sticks.* Erstere sind Hühnchenflügel in einer sehr pikanten, klebrigen Soße zubereitet. *Chicken Fingers* sind Stückchen von knochenlosem Hühnerfleisch, paniert und frittiert; *Mozarella Sticks* sind Stäbchen aus Mozarella-Käse, ebenfalls paniert und frittiert. Diese kleinen Leckereien werden auch zutreffend *Finger Food* („Fingerfutter") genannt, denn man isst sie mit den Fingern.

Von den **Suppen** sind unter anderem folgende zu empfehlen: *Clam Chowder (New England Style)* ist eine dicke Suppe, die aus Kartoffeln, Milch und *Clams* (Venusmuscheln) besteht. Mindestens ebenso lecker, wenn auch nicht so verbreitet, ist *Fish Chowder* mit Fisch statt Muscheln. Und wenn man irgendwo - vielleicht in Philadelphia - auf einer Speisekarte *Snapper Soup* entdeckt, sollte man sofort zugreifen: Das ist eine feine Suppe aus einer einheimischen Schildkrötenart, die hier in Farmen gezüchtet wird.

Salatgang: Wie gesagt, die Amerikaner sind große Salatliebhaber, und demzufolge gibt es in den meisten Restaurants eine große Auswahl an Salaten oder sogar ein üppiges Salatbüfett. Die Bedeutung des Salats in der US-amerikanischen Küche sieht man auch daran, dass er den Stellenwert eines eigenen Ganges haben kann. In diesem Falle bekommt man den Hauptgang erst serviert, wenn man den Salat gegessen hat.

Der Lieblingssalat der US-Amerikaner ist ohne Zweifel der so genannte *Caesar's Salad,* den man unbedingt probieren sollte: Er besteht aus knackigen, grünen Salatblättern mit einem speziellen Dressing, geriebenem Parmesankäse und duftigen Knoblauch-Brotkrumen. Mancherorts bekommt man noch Anchovis daraufgelegt, das sind kleine, ganz salzige und würzige Fische - nicht jedermanns Sache, weswegen der Kellner auch vorsichtshalber fragt, ob's denn „mit" oder „ohne" sein darf. Bei jeder Salatbestellung hat man normalerweise die Wahl zwischen verschiedenen Dressings, und wenn vorhanden, sollte man unbedingt *Blue Cheese Dressing* versuchen, eine würzige Salatsoße mit einem bestimmten Blauschimmelkäse, die es anscheinend nur in den USA gibt.

Und nun zum **Hauptgang:** Als ich zum ersten Mal in einem amerikanischen Restaurant bestellen wollte, wanderten meine Augen verwirrt die Speisekarte hinauf und hinunter: Keinerlei Hauptspeisen weit und breit - nur *soups, salads, appetizers, entrees,* und *desserts.* Selbstverständlich habe ich mich verärgert beim Kellner beklagt, der nun wiederum verwirrt reagierte und mit dem Finger auf den Abschnitt *entrees* wies, denn so sagt man hier, unglaublich aber wahr, zu Hauptspeisen. Vorspeisen heißen, wie erwähnt, *appetizers* oder auch *starters.* Zu den *entrees:*

Von den Fischfilets sind Thunfisch *(Tuna),* Schwertfisch *(Swordfish,* [Sordfish], das „w" ist stumm), und Lachs *(Salmon* [Sämen], mit stummem „l") weitverbreitet. Unbedingt probieren sollte man Hummer *(Lobster);* der beste kommt aus Maine, dem nordöstlichsten Bundesstaat. Das Tier wird ganz in der Schale gedämpft oder gekocht. Man braucht spezielles Werkzeug, um an das leckere Fleisch heranzukommen, aber die Mühe lohnt sich. Echte *Lobster*-Liebhaber haben mir insbesondere das blaugrüne Fleisch im vorderen Teil des Kopfes empfohlen, aber ich kann davon nur heftig abraten. Es muß sich dabei wohl um einen *acquired taste* handeln, also um einen erlernten Geschmack.

Leider örtlich und zeitlich beschränkt ist das Angebot an *Stone Crabs* (Steinkrabben), einer seltenen Delikatesse mit einem feinen Beigeschmack von gekochten Eiern. Anscheinend gibt es *Stone Crabs* nur im Südosten, und auch nur im Winter. Genau gesagt, dauert die Saison von November bis März. Es soll Leute geben, die extra dafür im Winter nach Florida fahren, und sie haben Recht. Wenn man sie irgendwo bekommen kann, muss man unbedingt zugreifen: Am besten schmecken sie kalt serviert, und das köstliche, leicht nach Eiern schmeckende Fleisch findet man unter der dicken, vorgeknackten Schale.

Ebenfalls nicht entgehen lassen sollte man sich *Soft Shell Crabs:* Dies sind Krabben, die in einem Stadium nach der Häutung gefangen werden, wenn ihre neue Haut noch weich ist. Sie werden mit der weichen Haut zubereitet und gegessen. Wie *Stone Crabs* gibt es sie nur zu gewissen Jahreszeiten, dagegen bekommt man die würzigen *Maryland Crab Cakes* das ganze Jahr über. Diese Krabbenkuchen bestehen aus püriertem Krabbenfleisch, Brotkrumen und Gewürzen und werden meistens ganz delikat zubereitet; sie sollten zur Amerikaerfahrung eines jeden Gaumens gehören. Wer nicht warten kann und es selber ausprobieren möchte, dem sei schon hier ein bewährtes Rezept mitgeteilt:

Drei Büchsen mit Krabbenfleisch (Klauen bevorzugt; etwa 400 g insgesamt), ein Ei, 1/2 Tasse Brotkrumen, 1 TL Senf, 5 EL Mayonnaise, 1 EL gehackte Petersilie, 2 TL Worcestershire-Sosse, 1/4 TL Salz, weißer Pfeffer. Alles außer dem Fleisch gut mischen, über das gut abgetropfte Fleisch gießen und das Fleisch vorsichtig in die Mischung einarbeiten. 6 Frikadellen daraus kneten und auf beiden Seiten schön goldbraun braten. Yummie Yummie Yummie! [Jammi Jammi Jammi!] (Lecker, lecker, lecker!).

Wer lieber **Fleisch** isst, kommt erst recht auf seine Kosten: Nach allgemeinem Dafürhalten gibt es hier die größten und saftigsten Rindersteaks der Welt für relativ wenig Geld. Dabei kann man zwischen drei Zubereitungsarten wählen: durchgebraten, medium, oder innen noch blutig. Die Wörter dafür sind *well done, medium* und *rare.* Ähnlich eiweißreich dürfte das (oder der?) weitverbreitete *Reuben* sein: Das ist eine Art Sandwich mit dicken, saftigen Schichten aus gekörntem Rindfleisch, Käse und - ob man's glaubt oder nicht - Sauerkraut.

Schweinefleisch wird man in einem US-amerikanischen Restaurant selten finden. Wild hingegen gibt es gelegentlich in besseren Restaurants, man sollte es aber lieber nicht probieren: Nach meiner Erfahrung wird es oft wie gewöhnliches Fleisch zubereitet, anstatt beispielsweise zunächst abgehangen und in Rotwein mariniert zu werden.

Geflügel: Hühnchen sind weit verbreitet und werden auf vielfältige Weise zubereitet. Ähnliches gilt für den Truthahn, der vor allem um die *Thanksgiving*-Zeit (landesweiter Feiertag, letzter Donnerstag im November) allgegenwärtig ist. Ente ist dagegen fast unbekannt; man serviert sie nur in deutschen, chinesischen und französichen Restaurants. Relativ häufig dagegen findet man hier die Wachtel *(Quail)* [Kweyl], und sie wird fast immer delikat zubereitet.

Nachtisch: Beliebt als Nachtisch sind Kuchen, und empfehlenswert sind *Lemmon Cheese Cake* (Käsekuchen mit Zitronenglasur), *Carrot Cake* (würziger Karottenkuchen), und natürlich die typisch US-amerikanischen *Brownies:* Das sind dunkle, schwere Brocken aus Kakao, Kaffee, Schokolade und einigem mehr, was dunkel aussieht und sündhaft kalorienreich ist. Neben Speiseeis, das seinen Ruf nicht wert ist und mit italienischem Eis nicht konkurrieren kann, gibt's hier natürlich überall den berühmten *Frozen Yoghurt,* eine Art Eiskrem, die auf fettarmem Yoghurt statt auf fetter Sahne basiert. Er schmeckt ähnlich wie Eis und fühlt sich ebenso weich und gut auf der Zunge an. Insbesondere in New York City gibt es einige Orte mit phantastischen Frozen Yoghurt-Bechern - daran sollte man nicht vorbeigehen.

Getränke: Neben *Sodas,* wie hier alkoholfreie Getränke ganz allgemein genannt werden, kann man im Gegensatz zu deutschen Restaurants fast überall Trinkmilch bekommen. Bier und Wein gibt es nur in Restaurants, die eine *liquor license* (Schanklizenz) erworben haben. Grundsätzlich wird hier alles außer Tee und Kaffee kalt serviert, womöglich sogar mit Eiswürfeln. Das hat seinen Grund darin, dass US-Amerikaner Getränke in zwei Gruppen einteilen: erhitzte und gekühlte. Es ist für sie nur schwer einzusehen, dass es Getränke geben soll, die man einfach bei Zimmertemperatur serviert. Vorsicht ist also bei Cognac, Sherry und ähnlichem geboten: Man muss rechtzeitig und bestimmt seinen Wunsch anmelden, dass hier die Eiswürfel wegzulassen seien.

Zum guten Dinner gehört guter Wein, ebenso wie bei uns in Europa. Und guten Wein gibt es hier reichlich, importiert aus Frankreich, Italien und Deutschland, und den in den nordamerikanischen Weinanbaugebieten produzierten.

Anmerkungen zum amerikanischen Wein

Einige Anmerkungen zum amerikanischen Wein sind hier sehr angebracht: Tatsächlich wird Wein in vielen Gebieten Nordamerikas angebaut, einschließlich der Staaten New York und Pennsylvanien im Osten und der gesamten Westküste: Kalifornien, Oregon, Washington und sogar in British Columbia, Kanada. Ähnlich wie auch in Deutschland (und anders als in Frankreich) werden amerikanische Weine auf dem Etikett zuerst nach der Rebsorte und erst dann nach dem genauen Ort klassifiziert. Zum Beispiel steht auf dem

Etikett der Weinflasche vor mir „MERLOT - *Monterey County"*. Merlot ist eine rote Weinrebe, und Monterey County ist ein Anbaugebiet in Kalifornien. Kein Zufall, denn es ist Kalifornien, wo sich die weitaus größten Anbaugebiete befinden, und von dort kommen auch nach allgemeiner Ansicht die besten US-amerikanischen Weine.

Insbesondere die kalifornischen Rotweine sollte man ausgiebig kosten. Man sollte wissen, dass im speziellen, trockenheißen Klima dieses Staates besondere Rebsorten den besten Wein liefern, die in Europa weniger bekannt sind, wogegen in Europa gut gedeihenden Sorten das kalifornische Klima nicht bekommt. Die beliebteste Rebe für Weißwein ist Chardonnay, und die verbreitetsten Sorten für Rotwein sind Cabernet Sauvignon, Merlot, Pinot Noir, *Zinfandel* und *Petite Sirah.* Während die ersten vier genannten mit den gleichnamigen französischen Gewächsen verwandt sind, handelt es sich beim *Zinfandel* und *Petite Sirah* um US-amerikanische Spezialitäten unklarer Herkunft.

Es ist vor allem der weltbekannte kalifornische *Zinfandel,* der es mir sehr angetan hat: Ein heißblütiger Kalifornier, dem bald ungarische, bald süditalienische Vorfahren nachgesagt werden. Möglicherweise handelt es sich aber sogar um eine echt amerikanische Sorte. Der beste Zinfandel kommt aus dem Sonoma-County und dem Napa-Valley, beides Gebiete in Nordkalifornien mit gemäßigterem Klima.

Es handelt sich fast durchweg um trockene Weine mit würzigen, feurigen Aromen, die im Mund ihre Waldbeeren-, Eichen- und Pfefferkomponenten wie ein Feuerwerk entfalten - großartig zu Gegrilltem, reifen Käsen und Wildgerichten! Die andere kalifornische Spezialität ist der *Petite Sirah,* der nach neueren Erkenntnissen nicht mit der ähnlich heißenden französischen Sirah-Traube verwandt ist. Lange Zeit als minderwertig betrachtet, kommen *Petite Sirah*-Weine jetzt bei den Gourmets groß in Mode. Es handelt sich hier um wilde, schwere, nicht ganz trockene Weine, die es wert sind, ebenfalls probiert zu werden.

Pinot Noir, die berühmte Rotburgundertraube, in Deutschland als „Blauer Spätburgunder" bekannt, wird jetzt ebenfalls vermehrt angebaut, obwohl diesem sensiblen Gewächs die kalifornische Sonne sehr zu schaffen macht. Doch besondere Anbautechniken bringen heute runde, harmonische Pinot Noirs hervor. Der Spitzen-Pinot Noir des bekannten Weinhauses Mondavi im Napa-Tal wird sogar in französischen Eichenfässern gealtert, so entschieden will er mit den französischen Burgundern mithalten. Das Ergebnis ist ein wunderbar rauchiger, „vanillig" abgerundeter Tropfen, für den man schon um die 30 Dollars hinlegen muss.

Essen wie Gott in ... Amerika!

Wer sich trotz allem Gesagten nicht für die US-amerikanische Küche erwärmen kann, wird ebenfalls finden, was er sucht: Zum Glück spiegelt sich die ethnische Vielfalt des Landes im Reichtum der hier vertretenen Landesküchen wider: Während in Deutschland exotische Restaurants doch häufig auf deutschen Geschmack abgestimmte Speisen servieren, kochen hier Chinesen für Chinesen, Japaner für Japaner und Mexikaner für Mexikaner! Insbesondere italienische und chinesische Restaurants findet man praktisch überall; sehr verbreitet ist auch mexikanisches Essen. Japanische Sushi-Bars gibt es in allen größeren Städten und in Kalifornien sowieso an jeder Ecke. In den Metropolen wird's noch bunter, denn man findet dort auch indische, jüdische (koschere), koreanische, spanische, französische und gelegentlich sogar deutsche Restaurants.

Italienische Restaurants: Da gibt es nicht nur preisgünstige Pizzerien, sondern auch ehrgeizige Gaststätten mit Pasta-Spezialitäten und regionalen italienischen Delikatessen. In den besten dieser Restaurants kann man ganz schön tief in die Tasche greifen, denn tatsächlich hat bei vielen Amerikanern die italienische Küche dasselbe Prestige wie in Europa die französische.

Chinesische Restaurants: Die bieten hier durchweg überzeugende Qualität, was man leider von dem Zeug nicht behaupten kann, das man in manchen deutschen „China"-Restaurants aufgetischt bekommt. Der Grund dürfte einfach der sein, dass es hierzulande zahlreiche chinesische Gäste gibt. Ein anderer Unterschied besteht darin, dass man in Deutschland am häufigsten die süßsaure kantonesische Küche vorfindet, wogegen hier die scharfe Szetschuan-Küche vorherrscht.

Ausprobieren sollte man eines der zahlreichen *Dim Sum*-Lokale in den *Chinatowns,* z. B. in der Chinatown von San Francisco: Dim Sum ist so etwas wie eine chinesische Teeparty; man bekommt Tee, und ständig werden andere leckere Bissen vorbeigetragen, von denen man sich welche aussuchen kann.

In allen chinesischen Restaurants der USA wird jedem Gast mit der (zumeist bescheidenen) Rechnung ein *Fortune Cookie* (Glücksküchlein) überreicht - das ist ein kleines, hartes Gebäck mit einem Hohlraum, der einen Zettel enthält. Darauf findet man triviale Vorhersagungen wie „Gute Post ist unterwegs zu Dir", östliche Lebensweisheit wie „Konfuzius sagt: Wähle einen Beruf, den Du magst, und Du wirst nie im Leben arbeiten müssen", oder kecke Sprüche wie „Wer sich selbst liebt, wird keinen Nebenbuhler haben". Man knackt die Küchlein, holt die kleinen Papierstreifen heraus, liest sich gegenseitig die Sprüche vor und hat Spaß daran. Und man höre und staune: So exotisch diese Sitte anmutet - sie ist hier in den USA entstanden. In China sind die Glücksküchlein nicht üblich.

Japanische Restaurants und Sushi-Bars: Hier bekommt man ein hervorragendes Fisch-Essen zu einem Drittel des Geldes, das man in den völlig überteuerten japanischen Restaurants in Europa hinlegen muss. Ein wichtiger Teil des Essvergnügens **à la japonaise** ist, dem Koch bei der Zubereitung der Speisen zuzuschauen - sei es an der Sushi-Bar, wo man durch die Glasscheiben beobachtet, wie unter flinken Fingern die kleinen, bunten Röllchen und Klötzchen entstehen, die wie Spielzeug aussehen und lecker auf der Zunge zergehen, oder sei es an den mit Herden ausgestatteten Gästetischen im Restaurant, an denen der Koch vor den Augen der Gäste nicht nur das Essen zubereitet, sondern dabei noch mit seinen Gewürzbehältern, Gemüsestückchen, Messern und Hackebeilen eine beängstigende Jongleurshow abzieht, um seine Behändigkeit unter Beweis zu stellen.

Weithin beliebt ist ebenfalls die **mexikanische Küche**, die viel mehr auf Indio-Einflüssen beruht als auf spanischen. Das wichtigste Element dieser gesunden und ballastreichen Küche ist die Tortilla, ein Maisfladen, der mit der spanischen Tortilla (eine Art Omelett) nur den Namen gemeinsam hat. Weitere wichtige Zutaten sind Chili, Bohnen, Käse, Fisch und Fleisch (Lamm, Rind, Schwein). Viele Gerichte bestehen aus etwas Fleisch oder Käse, mit viel Gemüse in eine Tortilla gewickelt, und sie werden dann auf verschiedene Weise gegart. Eine beliebte Vorspeise ist Guacamole, eine Art würzige Avocado-Paste, die oft am Tisch zubereitet wird. Mein Lieblingsrezept: Man nehme das Fleisch von vier sehr reifen Avocados, eine gehackte Tomate, eine halbe fein gehackte Zwiebel, etwa 10 Korianderblätter (Cilantro), eine fein gehackte grüne Chili-Schote, etwas Olivenöl, Zitrone und Salz. Das alles wird gründlich mit einer Gabel zerdrückt und durchgerührt, und man isst es mit Nachos, einer Art knuspriger Maischips, mit denen man die Guacamole aufnimmt.

In vielen sogenannten „mexikanischen" Restaurants der weiter von Mexiko entfernten Regionen bekommt man allerdings Gerichte, die man in Mexiko ebenso schwer findet wie Pizza in Italien. Es handelt sich bei dieser Küche um eine Amerikanisierung mexikanischer und südstaatlicher Einflüsse, manchmal daher vollkommen zutreffend *Texmex* genannt. Das soll aber nicht heißen, dass sie nicht gut ist: Jeder muss seinen eigenen Gaumen urteilen lassen, nach dem Genuss knuspriger Nachos, feuriger Tacos (Tortillas, gegart unter anderem mit Fleisch), Chicken-Quesadillas (Tortillas, auch gefüllt mit Käse) und einem Glas guten mexikanischen Bieres.

Französische Restaurants haben absolut denselben kulinarischen Ehrgeiz wie europäische „Fresstempel", und meiner Meinung nach können sie tatsächlich mit ihnen konkurrieren. Das glauben auch ihre selbstbewussten Küchenchefs. Dies gipfelt in Aussagen wie der folgenden aus einem weitverbreiteten Restaurantführer[3] : *„Twenty years ago, if you asked any gourmet which country in the world had the best restaurants, the answer would have been a near unanimous ‚France'. Today most sophisticated diners would agree that the answer would be the USA.*"

Obschon extrem, entbehrt diese Aussage nicht einer gewissen Plausibilität: Zum einen sind die Küchenchefs dieser Restaurants sowieso Europäer - zumeist Franzosen, oft aus dem Elsass, oder Österreicher - oder sie haben in Europa gelernt. Zum anderen bietet dieses große Land mit seinen langen Küsten und seiner überwiegend noch intakten Natur mindestens gleichwertige, wenn nicht bessere kulinarische Rohstoffe als Europa. Zu guter Letzt eine Buchempfehlung: Wer die besten Restaurants der Reiseziele erkunden möchte, sollte sich Zagat's Restaurantführer zulegen[3]. Dies ist ein erstaunlich akkurates Taschenbuch, das mir viele wertvolle Hinweise geliefert hat und mich bisher noch nicht enttäuscht hat: Es enthält für jede größere Stadt der USA eine Liste mit Spitzenrestaurants, geordnet nach Küche und Qualität. Jedes dieser Restaurants ist in einem kurzen Abschnitt beschrieben, mit Adresse und Telefonnummer und mit drei getrennten Benotungen für Essen, Atmosphäre und Service. Präzise Preisangaben sind ebenfalls enthalten.

[3] ZAGAT SURVEY, New York, N.Y. , 3. Auflage 1992, Seite 7.

7. Postämter und Banken

Die Post

Der ***United States Postal Service*** ist ein staatliches Unternehmen, das sich aus seinen Gewinnen finanzieren muss. Obgleich nicht durch Steuermittel finanziert, sind Portogebühren erheblich billiger als in den meisten europäischen Staaten - ein Grund, warum sich der US Postal Service stolz als *„the most productive and economical postal system on earth"* bezeichnet.[4]

Zu den **Öffnungszeiten** der Postämter lässt sich allgemein sagen, daß sie ebenfalls großzügiger sind als in Deutschland. Zum Beispiel sind größere Ämter auch samstags von 10.00 bis 17.00 Uhr geöffnet.

Briefmarken *(stamps)* kauft man am besten in Postämtern, am Schalter, oder an Automaten, die meist zur Verfügung stehen. Man kann Briefmarken auch in vielen Geschäften erhalten. **Briefumschläge** *(envelopes)* bekommt man in Postämtern, Drugstores und Supermärkten, in den *Stationary*-(Schreibwaren) Abteilungen. Die **Briefkästen** des *US Postal Service* sind große blaue Blechkästen, die man vor Postämtern, Supermärkten und auf den Parkplätzen der *Malls* (Einkaufszentren; Kapitel 8, ab Seite 70) findet. In fast allen Hotels kann man Post auch am Empfangsschalter abgeben.

Die Zuverlässigkeit des Postverkehrs zwischen USA und Europa kann nach meiner Erfahrung als problematisch bezeichnet werden: Pakete kommen beschädigt an; Zerbrechliches trifft als Bruch ein; Luftpostbriefe brauchen eine unvorhersehbare Zeit, die irgendwo zwischen 10 und 100 Tagen liegt; manche Briefe gehen verloren oder kommen zurück. Ob das nun an der deutschen oder US-amerikani-

[4] Aus „A Consumer's Guide to Postal Services and Products", Juni 1993, herausgegeben und verteilt vom United States Postal Service.

schen Post liegt, oder aber am Zoll, ist schwer zu sagen. Jedenfalls sollte man auf keinen Fall wichtige Dinge auf dem Postwege erledigen; und wenn man Bekannten schreibt, dann sollte man um Rückmeldung bitten (sonst ist man ihnen böse, obwohl sie nur deshalb nie antworten, weil sie den Brief -noch- nicht bekommen haben!).

Einschreiben: Diese Spezialdienste europäischer Post-Unternehmen haben gleichfalls ihr Ebenbild beim US Postal Service, nur muss man die Namen kennen: Ein *Registered Letter* ist ein Einschreibebrief, normalerweise mit Rückschein *(Return Receipt)* und Versicherung; ein regulärer Einschreibebrief ist ein *Certified Letter.*

Kurierdienste

Für sehr dringende Sendungen stehen mehrere Kurierdienste zur Auswahl, die garantieren, innerhalb der USA Briefe oder Pakete in einem Zeitraum von 24 Stunden zuzustellen, eine erstaunliche Leistung bei der Größe des Landes, die nur durch spezielle firmeneigene Flotten von Postflugzeugen ermöglicht wird.

Der Kurierdienst des US Postal Service heißt *Express Mail;* er muß mit den erfolgreich arbeitenden Privatunternehmen konkurrieren, allen voran *UPS* und *Federal Express („FedEx").* Insbesondere das letztgenannte Unternehmen hat sich so sehr im amerikanischen Geschäftsleben durchgesetzt, dass es in den Sprachgebrauch eingedrungen ist: Man sagt einfach *„I fedexed it",* wenn man ausdrücken will, dass man einen Kurierdienst mit einer dringenden Sendung beauftragt hat.

Alle drei oben genannten Kurierdienste liefern auch ins Ausland; man kann sie als Tourist in Anspruch nehmen, wenn man zum Beispiel ein etwas sperriges Andenken erworben hat und es nach Hause bringen lassen will.

Banken

Über **Banken** lässt sich nicht viel Freundliches sagen. Zunächst einmal sind die **Öffnungszeiten** erstaunlich eingschränkt, verglichen mit den großzügigen Geschäftszeiten der Läden und Postämter. Viele Banken haben nur montags bis freitags zwischen 9.00 Uhr und 16.00 Uhr geöffnet.

Dann sind viele Dienstleistungen, die in Mitteleuropa jede kleine Ortssparkasse täglich durchführt, hier selbst in den großen Filialen unüblich oder unmöglich. Zum Beispiel sind hier Einzugsermächtigungen und Überweisungen fast unbekannt; typische US-Amerikaner (und ich) setzen sich an jedem Monatsende hin, füllen einen kleinen Stapel von Schecks aus und senden sie dann an Vermieter, Telefongesellschaften und Elektrizitätswerke.

Für Touristen wichtig zu wissen ist: **Die meisten Banken tauschen kein Geld um.** Wenn man wirklich Geld umtauschen muss, kann man sein Glück in den größeren Bankfilialen in Großstädten versuchen.

Oft sind die Wechselstuben internationaler Flughäfen oder Hotels der einzige Ausweg - ein teurer Ausweg, denn diese Wechselstuben belasten mit erheblichen Gebühren oder bieten einen schlechten Wechselkurs.

Fast noch problematischer sind **Geldüberweisungen** von US-Konten auf europäische Konten und umgekehrt: Dafür benötigt man ein Konto bei einer US-Bank, und Voraussetzung für eine Kontoeröffnung ist in aller Regel eine Sozialversicherungsnummer *(Social Security Number),* die auch als Steuernummer dient.

Selbst wenn man ein US-Konto besitzt und Geld überweist, wird man sehen, wie umständlich und teuer dieser Prozess ist. Gebühren in Höhe von $ 40 bis $ 50 (1996) für solche Dienstleistungen sind nicht unüblich.

8. Einkaufen

Die USA - ein Einkaufsparadies

In Deutschland sehen sich die meisten Menschen mit zwei lebenswichtigen Aufgaben konfrontiert: Man muss Geld verdienen und man muss dieses Geld irgendwie in Nahrungsmittel umsetzen - eine oft schwierige Situation, weil bekanntlich beides nur zur selben Zeit möglich ist. Für viele Menschen bestünde die einzige Lösung in der Wiedereinführung der Sechs-Tage-Woche: fünf Tage zum Geldverdienen und den Samstag zum eigentlichen Nahrungserwerb.

Gott sei Dank, von solcher Unbill ist dieses glückliche Land verschont: Lebensnotwendige Dinge wie Nahrungsmittel kann man einkaufen, wann man will, auch sonntags oder abends um halb zehn, denn die meisten Supermärkte haben solche großzügigen Öffnungszeiten. Viele sind sogar rund um die Uhr geöffnet!

Die andere freudige Überraschung für mich war, dass man hier wirklich auf nichts verzichten muss. Und was hatten mir selbsterkorene USA-Experten vor meiner Abreise nicht an Warnungen mitgegeben:

Es gebe in den USA kein vernünftiges Brot, keine gute Schokolade, keinen ordentlichen Käse - alles Unsinn! Europäer, die essen wollen wie zu Hause, finden ebenso ihr Angebot wie die zahllosen Chinesen, Koreaner, Mexikaner und Japaner, die ebenfalls hier leben: Deutsches Bier, Schweizer Käse, Französischer Wein und was man sonst noch begehren mag, ist erhältlich, wenn auch vielleicht nicht überall und wohl nicht zum selben Preis wie amerikanische Standardware.

Malls - die Innenstädte in der Halle

Innenstädte wie in Europa, in denen man ungestört vom Autoverkehr spazieren kann, bummeln, sehen und gesehen werden, kaufen oder nur schauen, und vor allem: in denen man sich draußen an einem Tisch niederlassen kann, um Leute zu betrachten, vielleicht dem Plätschern eines Brunnens zu lauschen, um dabei seine Gedanken spazierenzuführen - solche Orte der Beschaulichkeit sucht man als Europäer mit wachsender Sehnsucht, denn man findet sie normalerweise nicht in diesen amerikanischen Städten, die in der Mitte nur aus einem Verkehrssystem bestehen, um das herum sich weite Vorstädte verstreuen mit Zäunen, Villen, Privatparks und Alleen.

Es gibt aber einen Ersatz, nämlich die *Malls!* Was eine Mall ist, ist nicht einfach zu beschreiben. Am zutreffendsten vielleicht ist die folgende Definition: Die Mall ist die US-amerikanische Version des Marktplatzes deutscher Städte, beziehungsweise der südeuropäischen Plaza oder auch Piazza: Hier wie dort gibt es Geschäfte, Straßencafes, Boutiquen, kleine Restaurants, Gallerien, oft sogar einen Brunnen, und in unserer Mall sogar ein Karussell für Kinder... der einzige Unterschied: Das alles ist in einer riesigen, hohen, fensterlosen Betonhalle untergebracht! Das klingt gewöhnungsbedurftig und das ist es auch, hat aber unbestreitbare Vorteile:

Wie in vielen europäischen Innenstädten ist man in der Halle natürlich vom Straßenverkehr verschont, die Hallenkonstruktion ermöglicht permanente Musikberieselung und vor allen Dingen: Bei den feuchtheißen Sommern in vielen Gebieten der USA will man gar nicht draußen sitzen, sondern lieber in der klimatisierten Mall. In gewisser Hinsicht ist man dort drinnen und draußen zugleich: Man ist in der Halle und so vor dem oft unbarmherzigen Klima geschützt, und gleichzeitig entsteht durch die schiere Größe der Halle doch der Eindruck, dass man draußen, außerhalb der Geschäfte, spazieren geht, am Tisch sitzt, Kaffee trinkt, Menschen beobachtet und dem Brunnen lauscht … .

Die Parallele zwischen amerikanischer Mall und europäischer Innenstadt wird dann besonders deutlich, wenn die amerikanischen Freunde oder Gastgeber den deutschen Gästen „ihre" Mall mit ganz ähnlichem Stolz vorführen wie wir es vielleicht mit unserem Marktplatz täten - und dann sollte man seine Verwunderung und Enttäuschung nicht zeigen: Malls sind nicht bloß Einkaufszentren, sie sind mehr.

> **Nervenspartipp:** Malls sind GROSS, und GROSS sind auch ihre Parkplätze. Wenn man sich nicht ganz genau einprägt, wo man sein Auto abgestellt hat, dann wird man es nicht so schnell wiederfinden!

Supermärkte (Grocery stores)

In den überdachten Malls wie den eben beschriebenen kann man eines normalerweise nicht kaufen: Lebensmittel. Diese gibt es, wie in Deutschland, in Supermärkten, hier oft *grocery stores* genannt. Dort wird man sich schnell zurechtfinden und auch im allgemeinen dieselben Waren finden wie in einem deutschen Supermarkt, außer vielleicht Alkohol, denn in manchen Bundesstaaten dürfen die Supermärkte keinen Alkohol verkaufen.

An der Kasse gibt es dann auch ein paar Überraschungen: In aller Regel wird der an der Kasse geforderte Betrag etwas höher sein als die Summe der ausgezeichneten Preise. Das liegt an der **Verkaufssteuer** *(sales tax),* die im Unterschied zu unserer Mehrwertssteuer in den ausgezeichneten Preisen nicht enthalten ist. Die Höhe hängt vom Bundesstaat ab und liegt grob gesagt zwischen sechs und neun Prozent. In manchen Staaten sind besondere Produktgruppen steuerfrei (z.B. Lebensmittel oder Kleidung).

An der Kasse braucht man die Waren nicht selbst einzupacken; das ist ein Service des Hauses. Entweder der Kassierer selbst oder weitere Angestellte packen die Waren in Tüten. Vielleicht wird man vorher freundlich gefragt, *„Paper or plastic ?”* - ob man Papiertüten oder Plastiktüten wolle.

Drugstores und Pharmacies

Drugstores sind eine US-amerikanische Einrichtung, die man bei uns in dieser Form nicht findet. *„Drug”* klingt ja nach Arzneimittel, und tatsächlich kann man in diesen Geschäften Medikamente finden: sowohl rezeptfreie, in den Selbstbedienungsregalen als auch verschreibungspflichtige, die in den *pharmacies* gegen die Verschreibung ausgegeben werden. Pharmacies sind Apotheken, jedoch anders als bei uns sind sie meistens nicht als selbständige Geschäfte zu finden, sondern als Spezialabteilungen in *drugstores.*

Neben Medikamenten findet man in *drugstores* auch Kosmetika, Schreibwaren, Zeitungen, Getränke, Blumen, und, und ... eigentlich alles, was man auch im Supermarkt kaufen kann, außer Lebensmitteln.

Wo gibt es was?

Alkohol: Im allgemeinen gibt es ihn in speziellen *Liquor Stores.* Nur in manchen Bundesstaaten (z.B. Kalifornien) kann man wie bei uns Alkohol in Supermärkten kaufen. In wieder anderen Bundesstaaten wird Alkohol an Tankstellen oder in Restaurants verkauft. In Pennsylvanien haben die verschiedenen Interessengruppen ein besonders merkwürdiges Arrangement ausgehandelt: Supermärkte dürfen keinen Alkohol verkaufen; Liquor Stores verkaufen alle Arten von alkoholischen Getränken - außer Bier: Der Biervertrieb ist Pizzerien vorbehalten. Mit solchen lokalen Besonderheiten ist also immer zu rechnen. Außerdem ist zu beachten, dass es in vielen Bundesstaaten örtliche und zeitliche Verkaufseinschränkungen gibt, mit denen man rechnen sollte, um Versorgungsengpässe zu vermeiden. Zum Beispiel darf in Neu-Mexiko nachts kein Alkohol verkauft werden, in Arizona sonntags nur zwischen 10:00 und 13:00, und in wieder anderen Staaten (z.B. Massachusetts) gibt es so genannte „trockene Städte", in denen man überhaupt keinen Alkohol kaufen kann. Einige generelle Bemerkungen zum Thema Alkohol sind angemessen, denn es gibt hier echte kulturelle Unterschiede:

Insgesamt hat Alkohol hier viel eher den anrüchigen Charakter einer Droge, die nur halbwegs legalisiert ist, und das muss man immer im Kopf behalten: „halbwegs" legalisiert! Einige Dinge sind ganz legal, zum Beispiel Alkohol in Kneipen und Restaurants zu bestellen und zu trinken, Alkohol im Laden zu kaufen, Mindestalter vorausgesetzt, und Alkohol privat zu verzehren. Die Betonung liegt hier auf „privat". Doch viele Verhaltensweisen, die in Europa selbstverständlich und alltäglich sind, können hier zu großen Problemen führen:

Kauf und Genuß von Alkohol unter 21 Jahren; Alkohol unverpackt und vor allem geöffnet herumzutragen; geöffnete Flaschen mit alkoholischen Getränken in Autos, trinkende Beifahrer - ja, dieser Tage hat ein Bundesstaat im Süden der USA sogar versucht, seinen Bürgern das Alkoholtrinken im eigenen Garten zu verbieten! So weit gehen die Vorstöße dezentralisierter Staatsgewalt im *„Land of the Free"* („Land der Freien", aus der US - Nationalhymne). Verschiedene Staaten haben verschieden strenge Alkoholgesetze, und daher ist das beste Verhalten, besonders vorsichtig zu sein.

Warnung: In vielen Staaten ist es streng verboten, Alkohol unverhüllt auf der Straße herumzutragen. Kein Kavaliersdelikt - man kann dafür ins Gefängnis kommen! Daher werden die Flaschen im Liquor Store sorgfältig in braunes Packpapier eingehüllt, das man nicht entfernen sollte. Ebenfalls nie Alkohol offen im Auto transportieren. Auch die Beifahrer dürfen nicht trinken!

Bier: Das am meisten verbreitete einheimische Bier ist *Budweiser,* im Volksmund meistens *„Buds"* [Bads] genannt. Mit dem bekannten tschechischen Bier hat es allerdings nur den Namen gemein. Obwohl nicht nach dem deutschen Reinheitsgebot gebraut, finde ich es durchaus trinkbar.

Sehr beliebt ist auch *Coors*; es ist süffig und vielleicht etwas zu leicht im Geschmack. Unbedingt versuchen sollte man *Samuel Adams* aus Boston: Nach Bekunden der Brauerei ist es das einzige US-amerikanische Bier, das nach dem deutschen Reinheitsgebot gebraut wird; angeblich wird sogar Hopfen aus Bayern verwendet. Es ist mein amerikanisches Lieblingsbier: Fast ein Dunkelbier, zwar etwas süß, was aber vollständig von der starken Würze ausgeglichen wird. Neben diesen überregionalen Sorten gibt es ähnlich wie in Deutschland zahllose kleine und Kleinstbrauereien, auch *Microbreweries* genannt, die oft gutes und lokal beliebtes Bier herstellen. Bierbrauen ist übrigens ein nationales Hobby: Ausrüstungen kann man überall kaufen, und viele Familienväter stellen ihr eigenes Bier her.

> **Tipp:** Die Kronkorken auf den Flaschen der meisten US-Hersteller lassen sich ohne Flaschenöffner aufdrehen!

Das verbreitetste Importbier ist Heineken; man kann es überall kaufen und bekommt es in fast jeder Gaststätte. Von den deutschen Bieren ist Beck's am leichtesten zu bekommen. Darüber hinaus wird Bier auch aus vielen weiteren Ländern importiert, vor allem aus England (z.B. Harp), Irland (Guiness) und Mexiko:

Neugierige Biertrinker sollten es mal mit mexikanischem Bier versuchen, wie zum Beispiel dem dunklen, leicht süßen Dos Equis, oder dem herben, hellen Corona. Wer's noch exotischer mag, der kann auch Bier aus China (Tschingtao) oder Japan (Sapporo) finden.

Briefmarken findet man in Postämtern, *drugstores* und *grocery stores* (Supermärkte).

Briefpapier, Postkarten und dergleichen: siehe Schreibwaren.

Brillen: Lesebrillen kann man hier im Supermarkt kaufen - der wahr gewordene Alptraum des deutschen Optikers!

Brot: Gutes Brot gehört zu den wenigen Dingen, die manchmal schwer zu bekommen sind. Wenn man irgendwo ein gutes Brot findet, dann sollte man sich den Laden merken. Alle Supermärkte haben zwar Brot, aber das typische amerikanische Brot besteht aus einem watteartigen luftgefüllten Teig, an den man sich erst gewöhnen muss. Ich habe auch Supermärkte mit gutem Vollkornbrot *(Whole Wheat, Whole Grain)* entdeckt, aber es kann ein Problem sein, solches Brot zu finden wie man es von zu Hause gewöhnt ist. Relativ verbreitet ist auch Roggenbrot, auf Englisch *Rye Bread* [Rai Bred] genannt. Viele US-Amerikaner sagen, das beste Brot komme aus San Francisco, und nach mehreren Besuchen in dieser Stadt glaube ich, dass sie Recht haben. Vor allem das knusprige, runde Sauerteigbrot *(Sourdough Bread)* mit deutlichem Hefegeschmack ist wirklich delikat. Zum Glück findet man *Sourdough Bread San Francisco Style* (Sauerteigbrot nach San Francisco-Art) jetzt häufiger auch in Supermärkten an der Ostküste.

Brötchen heißen hier *Sourdough Rolls* (Sauerteigbrötchen), und die sind außerhalb von San Francisco nicht überall zu finden. Dank der jüdischen Bevölkerung gibt es jedoch einen brauchbaren Ersatz, nämlich den *Bagel* [Beygel].

Gebäck oder *Pastry* [Peystrie] gibt es reichlich, und es ist im allgemeinen von hervorragender Qualität. Was man in Supermärkten bekommt, schmeckt allerdings nicht so gut wie die leckeren Sachen aus den *Bakeries* (Konditoreien). Besonderes verbreitet sind *Donuts,* süße Stückchen, typischerweise mit Loch in der Mitte, und *Danish* [Deynisch] oder Plunderstückchen.

Hygieneprodukte gibt es ebenfalls in Supermärkten. Shampoo und Deodorant haben dieselben Namen wie bei uns; Zahnpasta ist *tooth paste,* und Zahnseide heißt *dental floss.* Damenbinden *(sanitary napkins)* und Tampons findet man typischerweise in Regalen mit *Feminine Needs* oder *Personal Hygiene.*

Kaffee findet man ebenfalls im Supermarkt. Gemahlener Kaffee ist häufig in Dosen verpackt, denen nur mit einem Dosenöffner beizukommen ist! Kaffeebohnen gibt's hier nicht nur naturbelassen, sondern auch in verschiedenster Weise aromatisiert - mit Vanille oder Haselnuss zum Beispiel. Das sollte man ruhig mal probieren - nach einer Gewöhnungsphase schmeckt es sehr gut.

Kondome *(condoms)* findet man im Regal in den *drugstores* und in den Automaten in manchen Herrentoiletten. Bitte beachten: Das englische Wort ist *condom, preservatives* heißt etwas anderes: Konservierungsstoffe.

Kuchen (*cake):* Den gibt es in Supermärkten (Massenfertigung) und in den *Bakeries* oder Konditoreien. Unbedingt probieren: den süßwürzigen US-amerikanischen *Carrot cake* (Karottenkuchen).

Kleidung, Schuhe: Große Kaufhäuser für solche Artikel findet man in den *Shopping Malls.*

Landkarten: Telefonbücher enthalten im vorderen Teil brauchbare lokale Karten. Gute Karten hält der AAA (der „amerikanische" ADAC) für seine Mitglieder bereit (Kapitel 11, ab Seite 122).

Medikamente: Rezeptpflichtige Medikamente bekommt man in *pharmacies.* Diese sind meistens Teil eines *drugstores.* Gebräuchliche rezeptfreie Arzneimittel kann man auch im Supermarkt finden.

Mineralwasser: Quellwasser gibt es in großer Vielfalt, aber leider ist es meistens nicht sprudelnd. Wenn man das will, sollte man es mit „Perrier" oder „Seltzer" versuchen, oder auf dem Etikett das Wörtchen *sparkling* (sprudelnd) suchen.

Obst und Gemüse oder *Produce* [PROdus] gibt es in Supermärkten und Spezialgeschäften, und zwar in guter Qualität.

Schreibwaren *(Stationary)* findet man in *drugstores,* sowie in den *Stationary*-Abteilungen der Supermärkte.

Wein: Wein wird in vielen Gebieten Amerikas angebaut, wie an anderer Stelle ausführlich beschrieben (siehe Kapitel 17, „Stichwortverzeichnis"). In *Liquor Shops* findet man neben einheimischen (d.h., zumeist kalifornischen) Weinen eine hervorragende Auswahl französischer und italienischer Weine, die mit der europäischer Geschäfte ohne weiteres konkurrieren kann. Hier und da kann man sogar einen edlen Tropfen für wenig Geld finden. Deutscher Wein ist hier nicht so beliebt, aber auch den findet man hier meistens. Seltenere Herkunftsländer sind Spanien, Chile oder sogar Australien. Daher prahlt A. Bespaloff nicht ganz zu Unrecht in seinem „Complete Guide to Wine": *"... there is now a greater variety of the world's finest wines to be found in almost any large American city than in Paris, London, or Rome".*[5]

Zeitungen/Zeitschriften in deutscher Sprache: Aus mir unbekanntem Grund sind Zeitungen und Zeitschriften aus Deutschland schwieriger zu bekommen als Zeitungen aus bestimmten anderen europäischen Ländern, und wenn man sie doch findet, sind sie maßlos überteuert. In Yorktown in New York City bekommt man „Spiegel" und „Focus", und in internationalen Hotels habe ich Kioske mit der „FAZ" gefunden, die aber stets mehr als fünf Dollars kostete!

[5] Bespaloff, Alexis: „Complete Guide to Wine", New York, Penguin 1994, Seite 1.

Zeitungen weiterer europäischer Länder: Die folgenden Zeitungen aus dem europäischen Ausland bekommt man in den Metropolen, auf Flughäfen und vielleicht in großen Hotels: Le Monde, manchmal auch Le Figaro oder La Liberation, Herald Tribune, The Guardian, El Pais, La Stampa.

Zeitungen aus den USA: Die wichtigsten US-Zeitungen sind *The New York Times* und *The Washington Post,* und im wirtschaftlichen Bereich *The Wall Street Journal.* Weitere: *USA Today, Los Angeles Times, Daily News/New York, Newsday, Chicago Tribune, Chicago Sun Times* und *Detroit Free Press.*

Außerhalb der großen Städte ist es viel schwieriger, eine Zeitung zu bekommen als in Deutschland, wo es an jeder Ecke und in jedem Kleinbahnhof einen Kiosk mit üppiger Auswahl gibt. Hier findet man oft nur das Lokalblättchen oder überhaupt keine Zeitung.

Buyers, Shoppers, Bargainhunters

Man bedient sich hier zweier Wörter, die dem deutschen Wort „kaufen" entsprechen, um einen wichtigen Unterschied zu betonen: *to buy* bezieht sich auf den tatsächlichen Vorgang des Kaufens, *to shop (for)* dagegen auf die diesem Vorgang vorausgehenden Handlungen des Herumschauens und Preisevergleichens.

Sales, sales, sales: *Sale* heißt auch „Sonderangebot", und Sonderangebote gibts hier überall und zu jeder Zeit: 10, 20, sogar 50% herabgesetzt - aber von welchem Preis? Ist das ursprüngliche Preisschild realistisch? Wahrscheinlich gibt der angepriesene „Super-Sonderpreis" viel eher den tatsächlichen Wert wider. Es gibt hier keine vergleichbar strengen Wettbewerbsgesetze wie zum Beispiel in Deutschland; daher ist Vorsicht vor allzu großer Gutgläubigkeit sehr angebracht. Dennoch kann man hier einiges zu „Traumpreisen" kaufen. Das liegt wohl daran, dass Billigimporte aus Südostasien und Lateinamerika die Preise drücken, da solche Importe hier seltener mit preistreibenden Schutzzöllen belegt sind als in der Europäischen Gemeinschaft. Insbesondere Kleidung ist günstiger, vor allem Jeans, Schuhe, und Lederwaren.

Auch bei *Lingerie* (Damenunterwäsche) und Pelzmänteln ist das eine oder andere günstige Angebot möglich. Ebenfalls ein gewisses Preisgefälle scheint bei Schmuck zu bestehen, insbesondere bei Diamanten.

Was Kleidung betrifft, muss man sich natürlich mit US-amerikanischen Konfektionsgrößen abmühen. Man sollte nicht blind den Verkäufern vertrauen, wenn man herausfinden will, ob etwas wirklich passt. Verkäufer wollen nichts anderes als verkaufen und nicht unbedingt den Kunden glücklich machen, und wenn eben nur die fast richtige Größe auf Lager ist, dann macht man die genau richtige daraus. Das Einzige, was hilft, ist anprobieren, und wenn man etwas gefunden hat, das gut passt, sollte man sich die amerikanische Konfektionsgröße notieren, zum Beispiel auf der „Persönliche US-Daten-Seite" im Kapitel 16 (Seite 196).

Und wie steht es mit dem Qualitätsbewusstsein? Die oben angesprochenen „Billigimporte" verheißen nicht unbedingt hohe Qualität. Nach meiner Erfahrung kann man, wenn man etwas aufpasst, durchaus gute Qualität zu niedrigen Preisen bekommen. Was oft nicht ganz so schick ausfällt wie in Europa, ist der Schnitt.

Andere Produkte sind zwar preisgünstiger, können aber aus verschiedenen Gründen nicht immer nach Europa mitgenommen werden: Videos sind billiger, jedoch nur für deutsche Videorecorder geeignet, die NTSC-tauglich sind (NTSC heißt das US-amerikanische Farbfernsehsystem). Compact Discs hingegen sind auch in deutschen CD-Systemen abspielbar, haben aber hier keinen wesentlich niedrigeren Preis. Autos sind erheblich billiger: Die Preise hier, deutsche Marken eingeschlossen, betragen etwa zwei Drittel der deutschen. Aber man kann als Tourist nicht ein

Auto kaufen und es gleich nach Europa ausführen; die Voraussetzung zur Ausfuhr ist, dass man den Wagen eine bestimmte Zeit in den USA besessen und gefahren haben muss, bevor er wieder ausgeführt werden darf. Darüber hinaus entstünden erhebliche Transportkosten sowie Kosten für eine Anpassung des Wagens an nationale Vorschriften, wie sie zum Beispiel der TÜV in Deutschland verlangt.

Für Videorecorder, Stereoanlagen und Computer rechtfertigt das Preisgefälle wahrscheinlich nicht den zusätzlichen Aufwand, den man zu Hause mit dem Anschluss dieser Geräte an europäische Systeme und Stromnetze hätte.

Tipp: Reue nach dem Kauf? Entgegen landläufiger Annahme sind gute US-Kaufhäuser sehr fair: Wenn man den Kassenbeleg noch hat, ist es normalerweise kein Problem, die Ware zurückzugeben und sein Geld zurückzubekommen.

„It is illegal to shoot firearms on a highway or at traffic lights."
(Californian Driver Handbook, 1995, Seite 34)

9. Tipps für Autofahrer

Führerscheinfragen

Die erste Frage ist zwangsläufig: Darf ich mit einem deutschen bzw. internationalen Führerschein fahren? Wenn ja: Wie lange? Wann braucht man einen amerikanischen Führerschein?

Wie mit allem, was mit Straßenverkehr zu tun hat, ist die erste Antwort: Das hängt davon ab - vom Bundesstaat nämlich, denn jeder Bundesstaat betreibt Verkehrsgesetzgebung in eigener Verantwortung. Man kann hier gut die seltsamen Blüten studieren, die ein übertriebener Föderalismus hervorbrigen kann: Das geht so weit, dass ein Amerikaner, der in einen anderen Bundesstaat umzieht, einen neuen Führerschein machen muss!

Doch zurück zur Sache: Anscheinend ist es erlaubt, mit dem deutschen Führerschein in einigen Bundesstaaten zu fahren. Jedenfalls fragen die Autoverleihfirmen nicht lange nach weiteren Dokumenten. Andererseits: Wenn jemand Ärger mit der Polizei bekommt, für die ein deutscher Führerschein ebenso fremdartig aussieht wie für uns ein amerikanischer, dann ist das nicht deren Problem, sondern das des Fahrers oder der Fahrerin!

Etwas sicherer ist es schon, den internationalen Führerschein zu beantragen. Das ist gar nicht teuer, dauert aber ein paar Monate; man muss es also rechtzeitig vor der Abfahrt tun. Dieses Dokument bescheinigt in verschiedenen weltweiten Sprachen einschließlich Englisch, dass man eine deutsche Fahrerlaubnis besitzt. Mit ihm kann man in vielen

Bundesstaaten einschließlich Pennsylvanien und New Jersey bis zu einem Jahr lang fahren.

Doch leider haben selbst innerhalb desselben Bundesstaates verschiedene Leute und Einrichtungen (Polizisten, Behörden, Personalabteilungen) verschiedene Ansichten darüber. Und auch wenn es offiziell erlaubt ist, mit dem internationalen Führerschein zu fahren, so ist es doch für manche Polizisten das erste Mal, dass sie ein solches Dokument sehen, und ensprechend kann es zu Schwierigkeiten kommen. Daher, und aus anderen Gründen, meine Empfehlung:

Ab einer geplanten Aufenthaltsdauer von drei Monaten lieber gleich den amerikanischen Führerschein machen! Das ist relativ einfach und billig, und in vielen Situationen ist es praktisch, dieses Papier zu haben, weil es auch als Ausweisdokument gilt, ganz so wie in Deutschland der Personalausweis. Ein weiterer möglicher Vorteil ist, dass man mit dem Erwerb des US-Führerscheins beginnt, in diesem Land einen *driving record* zu etablieren. Das bedeutet, dass Verkehrsdelikte und Unfälle zentral registriert werden und Aussagen über die Dauer unfallfreien Fahrens für Versicherungen nachprüfbar werden. Falls man nämlich doch für längere Zeit in den USA „hängenbleibt", wird man ja früher oder später eine Autoversicherung abschließen müssen. Dann ist die erste Frage des Versicherungsagenten, wie viele Jahre man unfallfrei gefahren ist - für die Gesellschaft nachprüfbar und das heißt: in den USA, mit einem amerikanischen Führerschein.

> **Tipp:** Wenn die geplante Aufenthaltsdauer drei Monate übersteigt, besser gleich den US-Führerschein machen.

Wie man den amerikanischen Führerschein bekommt: Das ist zum Glück viel einfacher als in Deutschland, aber ganz ohne Papierkrieg gehts nicht: Als ersten Schritt muss man sich eine Sozialversicherungsnummer besorgen *(Social Security Number):* Fast jeder kann eine solche Nummer bekommen, selbst wenn man gar kein Amerikaner ist und nicht einmal eine gültige Arbeitserlaubnis hat. Auf dem Antrag für die Social Security Number steht ausdrücklich, dass man auch als Ausländer ohne Arbeitserlaubnis eine Social Security Number bekommen kann, falls man sie für andere Zwecke benötigt - und man benötigt sie oft: für Bankkonto, Kreditkarte und eben für den Führerschein.

Und wie bekommt man seine Social Security Number?

Sozialversicherung ist Bundessache. Man erfährt die entsprechende Telefonnummer im Telefonbuch auf den blauen Seiten, unter *Federal Government, Social Security Administration.* Dort bekommt man die Auskunft, wo das nächste Sozialversicherungsamt ist, und dort geht man hin und kann an Ort und Stelle einen Antrag ausfüllen. Man muss Reisepass und alle (!) Dokumente mitbringen, die man von der Einwanderungsbehörde bekommen hat. Die Nummer wird dann innerhalb einer Woche zugeschickt.

Als zweiten Schritt besorgt man sich den Führerschein: Führerscheine *(driver's licenses)* sind Landessache. Entsprechend erfährt man die Rufnummer auf den blauen Seiten des Telefonbuchs unter *State Government,* und darin unter *Motor Vehicle Division* oder *Department of Motor Vehicles (DMV).* Dort wird man darüber informiert, wo sich die nächste *Motor Vehicle Agency* befindet. Dorthin wendet man sich, und dort füllt man einen Antrag aus. Dies ist der späteste Zeitpunkt, zu dem man seine Körpergröße und sein Gewicht in US-Einheiten kennen sollte (Seiten 190, 191)!

Außerdem braucht man jetzt seine gerade erworbene Social Security Number. Für den Führerschein muss man lediglich einen Sehtest und einen theoretischen Test bestehen; eine praktische Fahrprüfung wird normalerweise nicht verlangt. In der *Agency* bekommt man eine Broschüre mit dem nötigen Wissen, um den theoretischen Test zu bestehen. Diese sollte man sorgfältig durcharbeiten, denn in den USA ist doch vieles anders, und selbst innerhalb der USA schwanken die Verkehrsregelungen von Staat zu Staat erheblich.

Was man im Auto mitführen sollte

- Amerikanischen Führerschein oder internationalen Führerschein und Reisepass.
- Registrierung *(registration)* des Autos, entspricht dem deutschen Kraftfahrzeugschein.
- Name der Haftpflichtversicherung.

Was man sonst noch mitnehmen sollte:

- Einen großen Vorrat an Münzgeld *(Quarters* und *Dimes)* für Parkuhren und Straßengebühren.

Die Straße als Heimat

Was ist für europäische Autofahrer in den USA die größte Umstellung? Nach meiner Erfahrung ist das Hauptproblem am Anfang die Orientierung im Raum: Es gibt fast keine Hinweisschilder auf Orte, weil es in vielen Gebieten keine Orte im europäischen Sinn gibt. Statt dessen orientiert man sich hier nach Straßen und Himmelsrichtungen. Man findet also Schilder wie *Ridgedale Avenue - Keep right,* oder *Interstate 80 WEST - next left.* Man sollte also immer wissen, in welcher Himmelsrichtung das Ziel liegt, und man muss die Bezeichnungen der wichtigsten Straßen dorthin kennen.

Straßen spielen im Bewusstsein der US-Amerikaner eine viel größere Rolle als bei uns - zur Orientierung, doch auch emotional, zur Identifizierung. So besitzen viele Straßen klangvolle, phantasieanregende Namen, wie *Golden State Freeway, Ventura Freeway,* oder *Garden State Parkway,* und manche haben sogar inoffizielle Kosenamen, so wie die *Blue Route* vor meiner ehemaligen Haustür, eine kurze Verbindungsautobahn von der *Pennsylvania Turnpike* zur I-95.

Man darf nicht vergessen, dass viele Straßen tausende von Meilen durch den Kontinent führen, Orte und Menschen verbinden und dieses große Land erst erschließen und bewohnbar machen - wie zum Beispiel die berühmte *Route 66* von Chicago nach Los Angeles, über die es Lieder und Bildbände gibt. Besungen ist auch der erwähnte *Ventura Freeway* in Kalifornien, in einem bekannten Song der Popgruppe *„America".*

Ein ganzer Bundesstaat, New Jersey nämlich, wird mit seiner „Hauptschlagader" gleichgesetzt: Die *New Jersey Turnpike* durchfurcht zehnspurig den kleinen Küstenstaat auf dem Festland gegenüber von New York City, um die größte Stadt der USA mit Philadelphia, der fünftgrößten, zu verbinden. Der gängige Scherz gegenüber Einwohnern New Jerseys ist: „Was, Du kommst aus New Jersey? Welche Abfahrt denn?" Eigentlich ist diese Gleichsetzung New Jerseys mit einer Autobahn schade, denn es handelt sich um einen schönen Staat mit bewaldeten Hügeln im Norden und Sandstränden im Süden.

Jetzt versteht man besser, welche Rolle die Straße im Bewusstsein der Amerikaner spielt. Wer in Deutschland könnte dagegen der nächstgelegenen Autobahn einen Namen geben, oder auch nur ihre Nummer sagen? Wer käme auf die Idee, die Autobahn von Frankfurt nach Basel zu besingen? Und wer gäbe der Autobahn von Frankfurt nach München einen Namen? Es sind dann schon eher die Fernzüge der Bahn, die mit poetischen Namen aufwarten können.

Die Bedeutung, die hier die Straßen haben, wird in Europa von Orten eingenommen: Europäische Autofahrer sind es nicht gewöhnt, sich an Straßen oder Himmelsrichtungen zu orientieren. Sie finden ihren Weg entlang einer Perlenschnur von Orten, die in Europa ja auch ziemlich gut bestimmte geometrische Punkte sind. Während es in einigen Gebieten der USA ebenfalls solche Orte gibt, findet man im größten Teil des Landes oft ausgedehnte Siedlungen, die zwischen den Maschen des Straßennetzes weit ins Land reichen, oft ohne richtigen Ortskern, und man weiß dann nicht, wo genau ein Ort aufhört und wo der nächste anfängt.

Spätestens dann, wenn man mitten in der Wüste von Arizona ein Schild auf der Autobahn sieht mit dem Hinweis *Kingstown - next 15 exits* (Kingstown: Die nächsten 15 Abfahrten), wird einem klar, dass bei der Größe dieses Landes und dem Ausmaß seiner Zersiedlung Orte zur Orientierung wenig taugen.

Zu den Straßenbezeichnungen: Die großen, verschiedene Bundesstaaten verbindenden Autobahnen heißen *Interstate* und sie haben Nummern. Auf Straßenschildern werden sie durch ein blaues Wappen mit rotem Band und der Nummer darauf symbolisiert.

Die US-Autobahnen in Ost-West-Richtung haben gerade Nummern, die von Süden nach Norden anwachsen: die südlichste heißt *Interstate 4*, und die nördlichste *Interstate 94*. Die Autobahnen in Nord-Süd-Richtung haben ungerade Nummern, die von Westen nach Osten größer werden: Die westlichste hat die Nummer 5 und die östlichste die Nummer 95.

Eine *Interstate*-Autobahn mit drei Ziffern ist entweder eine Verbindungsstrecke um eine Stadt herum oder durch sie hindurch, oder es handelt sich um eine Anschlussstrecke, die in eine Stadt hineinführt. Im ersten Fall hat sie eine gerade erste Ziffer (z.B. *Interstate 265*), im zweiten Fall eine ungerade erste Ziffer (z.B. *Interstate 195*).

Turnpikes sind normalerweise große, vielspurige Fernstraßen, für die man eine Gebühr entrichten muss. Meistens sind die Preise aber erträglich und man zahlt selten mehr als ein paar Dollars für hundert Meilen. Ebenfalls bezahlen muss man für bestimmte Brücken und Tunnel.

Die großen Autobahnen gabeln sich manchmal in zwei Parallelautobahnen namens *Express* und *Local.* Die Express-Autobahn ist für den Fernverkehr gedacht, der unbehindert von Ab- und Auffahrten fließen soll; die nächsten Abfahrten erreicht man von ihr aus nicht!

Die Local-Autobahn führt zu den nächsten Anschlussstellen. Wenn man eine solche große Autobahn verlassen will, dann muss man unbedingt an der nächstmöglichen Gabelung auf die Local-Autobahn wechseln! Im Zweifel sollte man die Express-Autobahn meiden. (Dasselbe System gibt es übrigens bei der New Yorker U-Bahn: Local-Züge halten überall, Express-Züge nicht.)

Schilder, Verkehrsampeln, Markierungen

Straßenverkehr ist hier Ländersache, und daher hängt die Qualität der Beschilderung und Straßenmarkierungen ganz vom Bundesstaat ab. So bemerkt man, dass in Bundesstaaten mit finanziellen Problemen die Schilder und Straßenmarkierungen einfach verrotten und nicht erneuert werden, was die Orientierung nicht gerade vereinfacht. Es ist auch nicht selten, dass ein wichtiges Schild von einem anderen oder von Buschwerk vollkommen verdeckt wird.

Die **Verkehrsschilder** sind ganz anders als in Europa: Es werden hier viel weniger Bildsymbole und viel mehr Text verwendet. Daher muss man unbedingt wichtige englische Wörter für den Verkehr kennen: *Yield* (Vorfahrt gewähren), *Lane* (Fahrspur), *U Turn* (Kehrtwende um 180 Grad), *JCT (Junction,* Verbindungsstelle zu einer wichtigen Straße), *Toll* (Straßengebühr). Zum Glück sehen einige lebenswichtige

Schilder so aus wie in Europa: Vorfahrt gewähren; Stop; Einfahrt verboten; Einbahnstraße (siehe auch: Bildteil).

An besonders gefährlichen ampellosen Kreuzungen kann es vorkommen, dass sicherheitshalber jede Richtung ein Stoppschild hat! Wenn mehrere Fahrzeuge gleichzeitig kommen, müssen alle halten und sich durch Handzeichen verständigen, wer zuerst fahren darf. „Rechts vor links" gilt hier nicht so strickt wie zum Beispiel in Deutschland.

Die wichtigste Straßenmarkierung ist der gelbe Mittelstrich, der die beiden Fahrtrichtungen trennt. Findet man ihn nicht, dann befindet man sich möglicherweise in einer Einbahnstraße! Auf **Autobahnen** ist zu beachten, dass ohne Vorwarnung plötzlich die rechte Spur abzweigen kann, so dass man, ohne es zu wollen, zum Verlassen der Autobahn gezwungen ist. Der sicherste Weg, solche *Exit Lanes* zu vermeiden, ist, die rechte Spur zu vermeiden. Dies ist möglich, denn obgleich offiziell ein **Rechtsfahrgebot** besteht, hält sich in der Praxis niemand dran:

Jeder fährt da, wo er gerade Lust hat; rechts wird ebenso häufig überholt wie links. Das ist hier eben so; so mancher deutsche Autofahrer mag über einen derartigen Mangel an Disziplin die Stirn runzeln, doch man versuche bitte nicht, 200 Millionen amerikanische Autofahrer zu belehren und zur rechten Fahrweise zu bekehren.

Die **Verkehrsampeln** funktionieren zwar so wie in Europa, aber sie stehen nicht an der Kreuzung, sondern HINTER ihr! Wenn man also aus Gewohnheit bis zur Ampel fährt und erst dann stoppt, steht man mitten auf der Kreuzung!

Verkehrsregeln

Auch bei den Verkehrsregeln gibt es einige Abweichungen von unseren Gebräuchen. Bekanntlich gibt es auf allen Straßen eine vorgeschriebene **Höchstgeschwindigkeit,** die vom Straßentyp und vom Bundesstaat abhängt. Sie beträgt in den kleinen, dichtbesiedelten Staaten des Ostens in der Regel *55 mph (miles per hour* = Meilen pro Stunde) und in den weiten, dünnbesiedelten Staaten des Westens 65 mph. Im allgemeinen werden aber die Überschreitungen bis zu 10 mph von der Polizei toleriert.[6]

Go with the flow: Insbesondere Autofahrer aus deutschen Landen haben die Tendenz, diese Beschränkungen zu überschreiten. Was kann man denn dagegen tun? Immer auf den Tacho zu starren ist gefährlich. Am einfachsten ist es, sich dem Verkehrsfluss anzupassen und ebenso schnell oder langsam zu fahren wie die Einheimischen: Die wissen nämlich am besten, welche Geschwindigkeit die Polizei noch toleriert.

Zum Beispiel fährt auf der *New Jersey-Turnpike* kaum einer langsamer als 70 mph, trotz offizieller 55 mph-Grenze. Dagegen traut sich auf manchen Strecken an Kaliforniens kurviger Küste kaum einer, die 55 mph-Grenze um mehr als 5 mph zu überschreiten - weil hier die Verkehrskontrollen viel strenger sind.

Auf jeden Fall sollte man immer etwas langsamer fahren als der schnellste andere. Wenn die Polizei einschreitet, und die Chancen dafür sind deutlich höher als in Deutschland, dann erwischt es den anderen.

Wenn man allein auf der Autobahn ist, dann kann man die eventuell vorhandene *cruise control* des Wagens benutzen, um eine gewünschte Soll-Geschwindigkeit einzustellen, die dann vom Wagen automatisch eingehalten wird.

[6] Die von der US-Bundesregierung auferlegten Höchstgeschwindigkeiten sind neuerlich erfolgreich angefochten worden. Als Folge sind derzeit (1997) in einigen Staaten die Grenzwerte angehoben worden. In Montana wurde die Geschwindigkeitsbegrenzung ganz aufgehoben!

Beim **Rechtsabbiegen** ist man dagegen oft liberaler als in Deutschland: Im allgemeinen darf man auch bei Rot rechts abbiegen, wenn man sich vergewissert, dass die Straße frei ist. Doch das gilt nicht überall (zum Beispiel nicht in New York City) und auch nicht an jeder Kreuzung.

Ein Schild „NO TURN ON RED" bedeutet, dass man an der betreffenden Kreuzung auch als Rechtsabbieger auf Grün warten muss. Zu beachten: Selbst wenn man bei Rot abbiegen darf, hat die rote Ampel immer noch dieselbe Funktion wie ein Stoppschild: Man muss an der Haltelinie stoppen und auf den Verkehr achten.

Strengste Verkehrsgesetze gibt es in den USA zum **Schutz von Schulkindern.** Das mit Abstand wichtigste betrifft die auffällig gelb-orange lackierten allgegenwärtigen Schulbusse: Sie sind mit roten Blinklampen ausgestattet, die anzeigen, wenn der Bus hält. Es ist dann streng verboten, am Bus vorbeizufahren - auch auf der Gegenspur, denn es könnten ja Kinder die Straße überqueren. Geschwindigkeitsbeschränkungen in Schulgebieten (normalerweise 15 mph) sind ebenfalls sehr viel ernster zu nehmen als die generelle Geschwindigkeitsbegrenzung auf Autobahnen, wo man etwas großzügiger sein kann.

Alkohol: In vielen Staaten ist es verboten, im Auto Alkohol zu trinken. Das gilt auch für den Beifahrer und alle anderen Insassen! Es empfiehlt sich auch, im Auto keine Alkoholflaschen herumliegen zu lassen. Im übrigen hängt die genaue Promillegrenze, wie fast alles im Straßenverkehr, vom Bundesstaat ab; sie ist im allgemeinen ähnlich wie in Deutschland.

Mautstraßen: Man muss damit rechnen, an großen Brücken oder Tunneln Benutzungsgebühren *(toll)* zu bezahlen, gelegentlich auch auf den großen Autobahnen. Wichtig: Oft sind solche Zahlstationen automatisiert und dann muss man über passendes Geld *(exact change)* verfügen. Daher sollte man immer einen Vorrat an *Quarters* und *Dimes* im Auto haben.

- Höchstgeschwindigkeit auf Autobahnen 55 - 65 Meilen pro Stunde, je nach Bundesstaat (10 Meilen mehr werden toleriert). In Montana „freie Fahrt".
- Schulbusse: Man muss in beiden Fahrtrichtungen anhalten, wenn ein Schulbus (erkennbar an den blinkenden roten Lampen auf dem Dach) hält, um Kinder ein- oder aussteigen zu lassen.
- Geschwindigkeitsbeschränkungen in Schulgebieten sind peinlich genau einzuhalten.
- Rotes Blinklicht an Ampeln oder Signallampen über Straßen gelten als Stoppschild.
- Gelbes Blinklicht an Ampeln oder Signallampen über Straßen: Fahrt verlangsamen und auf Verkehr achten.
- Alkohol: Nicht im Auto trinken! Gilt für alle Insassen! Am besten keinen Alkohol offen im Auto transportieren.
- Rechtsabbiegen bei Rot: Fast überall erlaubt, aber auch dann gilt die rote Ampel als Stoppschild.
- Parken vor oder ca. 5 Meter auf beiden Seiten eines Hydranten ist streng verboten.
- Wenn von der Polizei angehalten: Scheibe herunterkurbeln und im Auto sitzen bleiben!
- Sicherheitsgurte: In praktisch allen Staaten besteht Anschnallpflicht.

Parken oder Die Wahrheit über dezentralisierte Staatsgewalt

Wie üblich, so hört spätestens beim Parken das Fahrvergnügen auf. Sobald man in einer größeren Stadt einen Parkplatz sucht, bezweifelt man, dass es in den USA viel mehr Raum gibt als in Europa. Obwohl wegen dem schlechten Ausbau der öffentlichen Verkehrsmittel die Amerikaner auf Autos angewiesen sind, wird ihnen das Parken zur Hölle gemacht - mit einem derartig knappen Parkraum und einer so horrenden Preisgestaltung, dass man sich des Eindrucks nicht erwehren kann, da stecke ein System dahinter, das den chronisch defizitären Stadtkassen unter die Arme greifen soll.

Natürlich gibt es **Parkhochhäuser und bewachte Parkplätze,** aber dafür muss man tief in die Tasche greifen. Zehn Dollars sind da schnell ausgegeben. Trotzdem sind dies die einzigen wirklich sicheren Orte. Abgeschleppt zu werden ist mehr als zehnmal so teuer, vom Nervenverschleiß ganz zu schweigen.

Beim **Parken am Straßenrand** geht man grundsätzlich ein erhebliches Risiko ein: Es ist praktisch unmöglich, die verwirrenden Schilder mit ihrer verschlüsselten Beschreibung der Parkregelung und die bunten Straßenmarkierungen korrekt zu deuten, was schlimme Folgen haben kann. Denn mit Abschleppen ist man hier nicht zimperlich.

Auf jeden Fall vermeiden sollte man das Parken vor oder in der Nähe von Hydranten sowie auf Plätzen, wo ausdrücklich mit Abschleppen (*tow, tow away, towing* etc.) gedroht wird. „Freundliche" Piktogramme mit Schattenrissen eines Abschleppwagens gibt es hier selten. Und selbst das Vorhandensein einer Parkuhr heißt noch lange nicht, dass man hier parken darf! In Philadelphia habe ich ein *Ticket* (Strafzettel) über $ 25 bekommen, obwohl ich an einer Parkuhr stand und Münzen eingeworfen hatte. Wie das? Bei einer näheren Inspektion des Ortes fand ich schließlich ein Schild mit einem roten Text, der besagte, die Parkuhren dürften nur zu bestimmten Zeiten benutzt werden - außerhalb dieser Zeiten bestehe hier Halteverbot; man hätte also sogar mein Auto abschleppen können! Daher mein gutgemeinter, aber mit an Sicherheit grenzender Wahrscheinlichkeit missachteter Tipp:

> **Nervenspartipp:** Nie am Straßenrand parken, selbst wenn es sich augenscheinlich um einen legalen Parkplatz handelt.

Ich weiß, dass der Tipp ignoriert werden wird, denn ich habe ihn leider selber oft genug ignoriert - und mir damit mehr als nur einen schönen Abend verdorben. Alles, was ich tun kann ist, meine Erfahrung mit möglichst drastischen Worten weiterzugeben. Es verhält sich nämlich so: In den USA herrscht im Gegensatz zu Deutschland ein wirklicher Föderalismus mit all seinen haarsträubenden Konsequenzen: So ist die lokale Politmafia der Stadtverwaltungen mit Steuerhoheit ausgestattet und selbstverständlich hat sie in ihrer grenzenlosen Geldgier alle ihr zur Verfügung stehenden Steuerschrauben schon so angedreht, dass alles, was Geld und Vermögen hat, längst in die weiten Regionen der Vorstädte geflüchtet ist.

Die Folge ist eine schier unvorstellbare Verelendung und Verrottung der Innenstädte, was letztlich zu ihrem Sterben führen wird. Das ist keine Übertreibung, in Detroit ist es schon so weit: Einige Gebiete der Innenstadt sind schon so entvölkert, dass die Stadtverwaltung beschlossen hat, die wenigen verbliebenen Bewohner umzusiedeln und Strom- und Wasserversorgung in den dann menschenleeren Gebieten einzustellen. Die Folge davon wiederum sind chronisch leere Stadtkassen. Um dem abzuhelfen, schwärmen jeden Abend ganze Horden von staatlich gedungenen und legalisierten Wegelagerern aus, um an jedes Vehikel am Straßenrand ein *Ticket* mit einer Geldforderung zu heften. Man kann es mir glauben, es ist nicht wie in Deutschland: Es sind wirklich Horden, und man bekommt sein „Knöllchen"! Ob der Wagen tatsächlich illegal geparkt ist, spielt dabei überhaupt keine Rolle. Man versucht es einfach, und die „Strafen" sind mit um die $ 20 gerade so bemessen, dass die meisten Bürger, eher als sich mit den Behörden anzulegen, mit einer erschreckenden achselzuckenden Gleichgültigkeit die Gebühr einfach als eine weitere Steuer hinnehmen, neben Bundessteuer, Staatssteuer, Gemeindesteuer, Kapitalertragssteuer, Sozialversicherungssteuer, Verkaufssteuer, Grundsteuer, Schulsteuer, Wohnsteuer, Reifensteuer (jawohl: *Tire Tax), Occupational Privilege Tax* (Wie soll man das nur übersetzen?), und, und ... was soll's - es ist eben nie genug.

Wie weit diese himmelschreiende Unverschämtheit der Behörden schon geht, sieht man an einem Ticket, das ich letztlich in Miami bekommen habe: Das Formular lässt nur die Wahl zwischen zwei Möglichkeiten zum Ankreuzen: „Schuldig" und „Nicht schuldig, aber ich verzichte darauf, die Sache anzufechten", wobei die letztere Wahl vorsichtshalber in Latein angegeben ist (NOLO CONTENDERE), offensichtlich, damit sie möglichst niemand versteht. Die kleingedruckte Rechtshilfebelehrung erklärt, dass eine Anfechtung nur in Person (!) möglich ist, während normaler Arbeitszeit (!!) in einem fragwürdigen Büro mitten in *Miami.*

Man sollte sich davon nicht ins Bockshorn jagen lassen: Schriftlicher Einspruch per Einschreiben hat sich noch immer bewährt. In aller Regel lassen die Gauner nie wieder etwas von sich hören, und die Sache ist geregelt. Ob der Einspruch tatsächlich gerechtfertigt ist, spielt dabei überhaupt keine Rolle: Zum einen wissen die Banditen nur zu gut, dass er durchaus gerechtfertigt sein könnte; zum anderen ist der mit einer Anfechtung verbundene Verwaltungsaufwand einfach so groß, dass ihre schurkische Rechnung auf schnelles Geld nicht aufgehen würde.

Leider ist dieser Don Quijote-hafte Kampf gegen die schon von Shakespeare im berühmten Hamlet-Monolog beklagte Staatsarroganz auch für uns, die harmlosen, sich ewig in der

Defensive befindenden Bürger, mit beträchtlichem Aufwand verbunden: Briefeschreiben kostet Zeit, Einschreiben Geld und die Nerven nutzen sich auch etwas ab. All das kann man sich sparen, wenn man Parkplätze am Straßenrand als das ansieht, was sie wirklich sind:

Hinterlistige, gemeine Autofallen, die nur darauf warten zuzuschnappen. Die Alternative: Parkgaragen und bewachte, kostenpflichtige Parkplätze, wie sie in allen Städten zu finden sind. Das kann so teuer sein wie ein *Ticket,* aber dieses Geld ist gut angelegt.

Bewachte Parkplätze und Garagen bieten noch einen weiteren Vorteil, denn sie schützen nicht nur vor staatlichem Zugriff, sondern auch vor gewöhnlichen Kriminellen. Ich hätte gut daran getan, auf eine AAA-Angestellte *(AAA: American Automobile Association)* zu hören, die mir zum Parken in Los Angeles folgendes riet:

"Lock your car, roll up the windows and pay someone to watch your car." („Verriegle Dein Auto, schließe die Fenster und bezahle jemanden dafür, dass er auf Dein Auto aufpasst.") Mein Auto ist in Los Angeles auf Nimmerwiedersehen verschwunden. Es war über Nacht am Straßenrand geparkt... .

Eine letzte, das Parken betreffende Besonderheit ist das so genannte *Valet Parking*: *Valet* heißt Diener und damit ist hier ein Angestellter gemeint, der vor Diskotheken, Theatern, teuren Restaurants und dergleichen steht und den Wagen auf einen meist entlegenen Parkplatz fährt.

Einem wildfremden Mann seinen Schlüsselbund anzuvertrauen, ist freilich ein Nervenkitzel besonderer Art, und der Service ist selbstverständlich nicht umsonst, vom obligatorischen Trinkgeld für den *Valet* ganz abgesehen. Es ist fast überflüssig zu sagen, dass die *Valet*-Firmen keinerlei Haftung für Beschädigung oder Verlust des Autos übernehmen.

Tipps für Wüstenfahrten

Mit Schnee und Eis ist man als Autofahrer ebenso vertraut wie mit Nebel und Regen; enge Kurven und steile Berge sind ebenfalls kein Problem. Doch begegnet uns in diesem Land eine Großlandschaft, die uns fremd ist und die besondere fahrtechnische Anforderungen stellt: die Wüste. Zwar ist die Wüste hier durch Straßen so gut erschlossen wie sonst wohl nirgends auf der Welt; dennoch können Einsamkeit, Monotonie und Hitze zu Unannehmlichkeiten oder gar Gefahren führen.

Die dünne Besiedlung der Wüste bedeutet wenige Tankstellen und Geschäfte und daher wenige Versorgungsmöglichkeiten mit Benzin, Wasser und dergleichen. Es kann schon mal vorkommen, dass die nächste Tankstelle 100 Meilen entfernt ist! Daher sollte man nur mit vollem Tank in die Wüste aufbrechen. **Außerdem sollte man reichlich Wasser mitnehmen - für den Kühler, aber auch als Trinkwasservorrat:** Es kann ja immer passieren, dass man liegen bleibt und eine Zeit lang auf Hilfe warten muss. Zwar werden hier selbst einsamere Etappen von Rangern regelmäßig kontrolliert, so dass eine Panne in der Wüste selten gefährlich wird. Dennoch braucht man Trinkwasser, wenn man in der prallen Wüstenhitze, ohne jeden Schatten, einige Stunden verharren muss. Als Faustregel sollte man **eine Gallone, etwa vier Liter, Trinkwasser für jede Person** im Kofferraum mitführen, **zusätzlich zum Extrakühlerwasser.**

In der Wüste liegengeblieben: In einer solchen Situation wäre ein mobiles Telefon ja wirklich praktisch *(Cellular Phone* - „Handy" sagt hier keiner) - wenn man sich bloß auf diese Dinger verlassen könnte! Aus eigener Erfahrung weiß ich, dass das leider nicht der Fall ist. Gerade in der Wüste ist es sehr wahrscheinlich, dass man sich außerhalb des Empfangsbereichs befindet. Man sollte sich also auf keinen Fall in falscher Sicherheit wähnen und glauben, man bräuchte nicht all dieses Wasser und Benzin, in Notlagen könne man ja Hilfe rufen.

Das häufigste Problem im Auto ist die Überhitzung des Motors. Die Wüsten im US-amerikanischen Westen sind nicht nur heiß, sondern auch gebirgig, und beides zusammen stellt auch das beste Kühlsystem auf die Probe. Wenn man dann auch noch die Klimaanlage auf vollen Touren laufen lässt, kann der Temperaturzeiger auch bei intaktem Kühlsystem ins Rote wandern. Daher sollte man bei steilen Auffahrten die Klimaanlage lieber ausschalten. Wenn es dennoch zu Problemen kommt, dann hält man einfach an und lässt den Wagen abkühlen.

Ein weiteres häufiges technisches Problem: das so genannte *Vapor Lock,* eine Fehlfunktion der Benzinzufuhr, zu der es kommen kann, wenn in der Wüstenhitze zu viel Benzin im Tank verdampft und sich so zu viel Druck aufbaut. Das Anzeichen ist ein ganz plötzliches Sinken der Motordrehzahl OHNE Überhitzung des Kühlers. In einem solchen Fall hilft wiederum, den Wagen eine Zeit lang auszuschalten und abkühlen zu lassen. Das Öffnen des Benzintanks kann Druckausgleich ermöglichen und schnellere Abhilfe schaffen.

Die größte Gefahr droht jedoch nicht von der technischen Seite: Während Hitze und Einsamkeit zu Unannehmlichkeiten führen können, droht echte Lebensgefahr von der mit Wüstenfahrten verbundenen Eintönigkeit: Sie kann zur sogenannten *Highway Hypnosis* führen, einem Zustand zwischen Wachheit und Schlaf, der schlimme Unfälle verursachen kann.

Wenn die Augen zufallen wollen und die Sicht verschwimmt, muss man schnellstens versuchen, sich neue Reize zu verschaffen: durch Radio, das Öffnen von Fenstern oder am besten durch eine angeregte Unterhaltung mit dem Beifahrer. Wenn man allein ist und alles nicht hilft, dann muss man anhalten und ein Nickerchen machen. Alles andere ist tatsächlich lebensgefährlich.

- Vor der Fahrt volltanken und reichlich Wasser mitnehmen. Extrakühlwasser, dazu eine *Gallon* (etwa 4 Liter) Trinkwasser je Person.
- Bei einer Panne Ruhe bewahren und auf Hilfe warten - die Straßen werden von *Rangers* kontrolliert.
- Bergauf die Klimaanlage ausschalten.
- Auf *Highway Hypnosis* (Zustand zwischen Wachheit und Schlaf) gefasst sein: Notfalls anhalten und ruhen.

Was tun bei einer Autopanne?

Streckentelefone wie an deutschen Autobahnen gibt es in einigen, aber nicht allen Bundesstaaten. Aber da auf den meisten Strecken Polizei oder Abschleppdienste patrouillieren, genügt es meistens, die Notlage zu signalisieren und abzuwarten. **Allgemein bekanntes Signal ist ein weißes Tuch, das man in eine Tür klemmt. Deutlicher ist wohl, die Motorhaube zu öffnen.** Eine weitere Möglichkeit ist, ein vorbeifahrendes Auto anzuhalten und den Fahrer zu bitten, im nächsten Ort Bescheid zu sagen. Da Autotelefone immer verbreiteter werden, dürfte man wahrscheinlich eine gute Chance haben, einen barmherzigen Autofahrer mit Telefon zu finden, so dass man Hilfe holen kann.

Vom Umgang mit der Polizei

Begegnungen mit der Polizei sind hier nichts für sensible Seelen und daher zu vermeiden. Man sollte die Höchstgeschwindigkeiten und andere Verkehrsregeln möglichst genau beachten, denn es gibt hier schrecklich viel Polizei, und wenn man einen Fehler macht, dann sind die nächsten *Cops* („Bullen”) gleich zur Stelle. Wenn sie kommen, dann kommen sie mit viel Lichtgeflimmer und Getöse hinter einem her, als sei man ein Bankräuber auf der Flucht. Allein das ist am Anfang schon recht erschreckend; man muss jetzt ruhig Blut bewahren, rechts heranfahren und halten. **Wichtig ist, dass man dann im Wagen sitzen bleibt** und lediglich die Scheibe herunterlässt, **denn es ist nicht erlaubt, aus dem Wagen auszusteigen!**

Der Grund ist, dass die Polizei vor Schusswaffen und anderen Gewaltpotentialen auf der Hut sein muss, und im Auto sitzend ist man hilfloser. Wichtig ist auch, dass man auf die autoritäre und zum Teil laute Art gefasst ist, mit der hier die Polizei mit Gesetzesübertretern umspringt. Wenn die Beamten merken, dass sie es mit einem Ausländer zu tun haben, werden sie aber oft freundlicher. Nur - am Anfang können sie das ja nicht wissen. Wenn man bedingungslos ihre Autorität anerkennt, schüchtern im Auto sitzen bleibt und die Rolle eines ahnungslosen Ausländers spielt, dann ist die natürliche amerikanische Gastfreundschaft doch oft stärker als das anerzogene „Bullentum”: Dann drücken die Beamten sogar mal ein Auge zu, wenn man wirklich ein *Fine* (Bußgeld) verdient hätte.

An der Tankstelle

In vielen Bundesstaaten gibt es noch Service-Tankstellen, an denen ein zumeist freundlicher Tankwart nicht nur den Tank füllt, sondern auf Wunsch auch die Scheibe wäscht, nach dem Öl schaut, den Wasserstand kontrolliert, oder sogar die Reifen aufpumpt (ein unschätzbarer Service in Anbetracht der hier verbreiteten primitiven Luftdruck-Messgeräte). Das Bedienungsgeld für all diese Leistungen ist vollständig im Benzinpreis enthalten, der in Service-Tankstellen auch spürbar über dem Selbstbedienungspreis liegt; auf keinen Fall gibt man ein Trinkgeld. Benzin heißt übrigens *Gas,* unverbleit *unleaded* [anLEDDed], und volltanken *fill up.*

Die verschiedenen Benzinsorten unterscheiden sich im Oktangehalt; die von den meisten Autos hier benötigte Sorte ist jene mit einem Oktangehalt von 87. Die Bezeichnung dafür heißt *regular* [REGjular], also „Normal", was aber nicht bedeutet, dass sie mit europäischem Normalbenzin identisch ist. Sorten mit einer Oktanzahl von 89 und höher sind ebenfalls gebräuchlich.

Natürlich werden auch hier Selbstbedienungstankstellen immer üblicher (außer in New Jersey, wegen des verbissenen Widerstands der Tankwartriege), doch das Selbsttanken ist nicht so einfach wie bei uns: Meist fließt einfach kein Benzin, wenn man den Abzug drückt, und das kann verschiedene Gründe haben: Es kann sein, dass man Vorkasse leisten muss. Außerdem muss man meistens an jenem Teil der Tanksäule, an dem der Zapfhahn eingehängt wird, einen Hebel nach oben legen, um den Hahn zu öffnen.

10. Geographische Fakten - und ein paar spezielle Reiseempfehlungen

Ein Wort über die Größe des Landes

Es ist nicht einfach, sich an die Größe eines Landes zu gewöhnen, das sich über weite Teile eines ganzen Kontinents hinwegspannt und sich über 7 Zeitzonen erstreckt. Eigentlich ist es unmöglich. Möglich wird es aber, wenn man dasselbe wie die Amerikaner tut: das Land geistig in überschaubare Bereiche zu gliedern. Dies legt die politische Struktur der USA nahe, denn das Land ist bekanntlich in 50 Bundesstaaten unterteilt.

Diese 50 Staaten sind sehr verschieden groß, und grob gesagt, sind die Staaten der bevölkerungsreichen Ostküste erheblich kleiner als die westlichen, dünn besiedelten Wüsten- und Gebirgsstaaten. Die folgende Tabelle zeigt, dass die Größen und Größenschwankungen ziemlich gut den Staaten Westeuropas entsprechen:

New Jersey, einer der kleinsten Staaten, ist halb so groß wie die Schweiz, und Frankreich, der größte westeuropäische Staat, ist zwar größer als Kalifornien, aber kleiner als Texas. Oregon, ein mittelgroßer Staat an der Westküste, ist ziemlich genau so groß wie die ehemalige BRD ohne die DDR. Kalifornien ist deutlich größer als das vereinigte Deutschland.

Wenn man also statt der Landmasse der Vereinigten Staaten den politischen Flickenteppich betrachtet, wird das Ganze überschaubarer, fast wie in Westeuropa. Einige Unterschiede bleiben:

- In Westeuropa gibt es ungefähr 20 Staaten, in den USA 49! Hinzu kommt Hawaii, der fünfzigste Bundesstaat.

- Die USA sind eine Nation, wovon Westeuropa noch weit entfernt ist.

- Es wohnen „nur" etwa 255 Millionen Menschen dort, auf einer Gesamtfläche von 9 363 130 qkm - etwas mehr als dreimal so viele Menschen wie im vereinigten Deutschland (356 647 qkm).

Größe einiger Bundesstaaten der USA und einiger europäischer Länder

Land	*Größe (qkm)*
New Jersey	20 295
Schweiz	41 288
Österreich	83 850
Ehemalige DDR	108 178
Pennsylvanien	117 412
Staat New York	128 401
Großbritannien (mit Nordirland)	244 030
BRD ohne ehemalige DDR	248 469
Oregon	251 180
Kalifornien	411 012
Frankreich (mit Korsika)	551 695
Texas	692 403
USA gesamt (mit Seen, Alaska, Hawaii)	9 363 130

Quelle: Meyers Enzyklopädisches Lexikon in 25 Bänden, 9. völlig überarbeitete Auflage, Mannheim 1974.

Was Sie schon immer über die USA wissen wollten, aber nie zu fragen wagten

Wir rümpfen ja gerne die Nase über diese „ungebildeten" US-Amerikaner, die nicht einmal wissen, ob Frankreich nun westlich oder östlich von Deutschland liegt oder ob Österreich ein eigener Staat ist. Aber mal ehrlich: Wissen wir denn über die USA besser Bescheid? Wer weiß denn bei uns, ob Ohio westlich oder östlich von Pennsylvanien liegt, oder ob Nord-Dakota ein eigener Bundesstaat ist? Zugegeben, das sind Feinheiten und Details, aber es gibt sicher einige Fragen, die man wahrscheinlich nie zu stellen wagt, weil sie peinliche Wissenslücken enthüllen würden:

Gehört Neu-Mexiko zu Mexiko oder zu den USA? Ist New York nicht ein eigener Bundesstaat oder was hat es mit dem „Staat New York" auf sich? Und was hat „Manhattan" mit New York zu tun - oder handelt es sich dabei nur um einen in New York beliebten Drink? Ist Washington nun eine Stadt oder ein Staat? Und was bedeutet das „D.C." in „Washington D.C."? Und gehört nun Puerto Rico zu den USA oder nicht?

Es verhält sich folgendermaßen: Neu-Mexiko ist ein Bundesstaat im Südwesten der USA, der ursprünglich zu Mexiko gehörte. Baja California (Baja [bacha] = nieder, spanisch) dagegen, die langgestreckte Halbinsel, die südlich von Kalifornien wie eine Nadel in den Pazifik ragt, ist durchaus kein Teil des Bundesstaates Kalifornien, sondern gehört zu Mexiko.

Manhattan ist einer der fünf Stadtteile oder *„Borroughs"* von New York; genauer gesagt ist es das pulsierende Herz der Stadt, das die meisten Leute meinen, wenn sie von New York sprechen. Und diese Stadt, obgleich die größte des Landes, ist kein eigener Bundesstaat so wie die Bundesländer Hamburg oder Bremen, sondern sie liegt in einem Bundesstaat gleichen Namens, der die Stadt und *Long Island* einschließt und sich nach Norden bis zur kanadischen Grenze erstreckt. Um Verwechslungen zwischen Stadt und Staat zu vermeiden, sprechen die US-Bürger von New York City und New York State.

Und Washington ist ebenfalls beides: Stadt und Staat - allerdings sind hier Stadt und Staat politisch getrennte Einheiten und sie sind so weit voneinander entfernt wie es nur eben geht: Der Staat Washington bedeckt den nordwestlichen Zipfel der USA und die Stadt Washington liegt an der Ostküste. Sie ist die Hauptstadt mit Kongressgebäude und Weißem Haus; sie gehört zu keinem Staat, sondern bildet einen eigenen Regierungsbezirk, *District of Columbia (D.C.)* genannt. Deshalb sagen US-Amerikaner *Washington D.C.* oder einfach nur *D.C.,* wenn sie von ihrer Hauptstadt reden, um Verwechslungen mit dem Bundesstaat am anderen Ende zu vermeiden.

Es gäbe noch viel Kurioses hinzuzufügen. Zum Beispiel sagt man *Illinoi* zum Staat *Illinois*, *ARkansa* (mit Betonung auf der ersten Silbe) zum Staat *Arkansas,* und *Rhode Island,* der kleinste Bundesstaat, ist gar keine Insel - ganz im Gegensatz zu Puerto Rico, einer der größeren Karibikinseln. Sie ist übrigens nicht der 51. Staat der USA, sondern eine Kolonie - und zwar mit dem Willen der Bevölkerung: Kürzlich haben die Puerto Ricaner in einer Abstimmung bekräftigt, dass sie lieber eine US-amerikanische Kolonie bleiben wollen als der 51. Staat der USA zu werden und auf volles Wahlrecht gerne auch weiterhin verzichten. Warum? Ganz einfach: Keine Bundessteuer!

Wichtige Teilmengen oder Untergruppen der 50 Bundesstaaten sind die folgenden: „Die 48 zusammenhängenden Staaten" *(48 contiguous states)* sind alle Staaten ohne Alaska und Hawaii; Neuengland *(New England)* umfasst die alten Kolonien des Nordostens: Maine, Vermont, Massachusetts, New Hampshire, Rhode Island, Connecticut. „Mittlerer Westen" *(Middle West)* ist ein reichlich schwammiger Begriff für die großen Agrarstaaten zwischen Ostküstenstaaten und den Wüsten- und Gebirgsstaaten des Westens. Typische Staaten des mittleren Westens sind Indiana, Illinois, Kansas, Iowa und Nebraska.

Wenn die US-Amerikaner vom Süden sprechen *(The South),* dann meinen sie die ehemaligen Südstaaten, die im letzten Jahrhundert gegen die Union den Sezessionskrieg führten und verloren. Heute, da sich die USA nach Westen bis zur Pazifikküste ausdehnen, müsste man eigentlich vom Südosten sprechen, wenn man sich auf dieses Gebiet bezieht. Bis zum heutigen Tage sind gewisse kulturelle Unterschiede und manchmal sogar gegenseitige Abneigungen zwischen den nordöstlichen Industriestaaten und den südöstlichen Agrarstaaten geblieben. Typische Staaten des „Südens" sind Virginia, North Carolina, South Carolina, Arkansas, Alabama, Georgia, Louisiana. Florida wird nicht hinzugezählt; dieser subtropische Staat ist sozusagen eine Extrakategorie.

Klima und Badesaisons

Ausgedehnte Teile des Landes sind leider klimatisch benachteiligt. Schwülheiße Sommer und bitterkalte Winter im Osten und mittleren Westen sowie trockenheißes Wüstenklima im Südwesten legen es nahe, den Zeitpunkt der Reise sorgfältig zu planen. Bei der Beschreibung der verschiedenen Gebiete gehen wir entgegengesetzt zum Uhrzeigersinn durchs Land, angefangen an der Ostküste, denn dort liegen die wohl häufigsten Reiseziele: New York, Washington, Philadelphia, Baltimore:

Extreme Jahreszeiten an der mittleren Ostküste und im mittleren Westen: Generell lässt sich sagen, dass in diesem riesigen Gebiet die Sommer heiß und feucht sind und die Winter sehr kalt. Das gilt insbesondere für den mittleren Westen mit Chicago als wichtigster Metropole, den Nordwesten (extreme Winter) und die Ostküste mit ihren wichtigen Metropolen: Boston, New York, Philadelphia, Baltimore, Washington. In der nördlichsten, Boston, sind die Sommer schon kühler (siehe nächster Abschnitt) und in der südlichsten, Washington, die Winter schon milder. Diese jahreszeitlichen Temperaturgegensätze der Ostküste sind Kennzeichen eines Klimas, das sich durch die große Landmasse aufheizt oder abkühlt, je nach Jahreszeit, und nicht wie in Westeuropa durch Meeresströme und tief ins Land ragende Meeresarme gemildert wird. Daher gelten die schroffen jahreszeitlichen Gegensätze erst recht im Landesinneren, im mittleren Westen, so zum Beispiel in Chicago mit seinen berüchtigten bitteren Wintern und den schwülen Sommern. In einer Hitzewelle im Juli 1995 hat es über 300 Menschen dahingerafft - zumeist ältere Menschen in ärmlichen Wohnungen ohne Klimaanlage. Und im Winter gibt es ebenfalls Todesopfer - durch Erfrieren. Einer der Faktoren, der für die winterlichen Kälteeinbrüche verantwortlich gemacht wird, sind Gebirgsfalten, die nicht wie in Europa eher in West-Ost-Richtung verlaufen, sondern grob in Nord-Süd-Richtung, so dass Nordpolarwinde ohne Widerstand gen Süden pfeifen können.

Kalte Winter und kühle Sommer im Nordosten: Das Klima in Boston und nördlich davon ist anders: Die Winter sind kalt und die Sommer sind wolkig und regnerisch. Berühmt schlecht ist das Klima im Norden des Staates New York, in *Buffalo* an den *Niagara*-Fällen: Niederschläge das ganze Jahr und im Winter Eis und Schnee. Also einen Tag hin, die weltberühmten Fälle sehen, dann nichts wie weg!

„Deutsches" Klima im Nordwesten: *Seattle* in Washington, dem nordwestlichsten Staat, hat ebenfalls keinen guten Klimaruf: Wolken, Wolken monatelang, wohl so wie bei uns, in Mitteleuropa. Ich selbst erinnere mich allerdings an einen wunderbaren Spätsommer noch etwas weiter nördlich: In Vancouver, British Columbia, Kanada: Man konnte selbst im September noch abends draußen sitzen in den Hotelgärten und Straßencafes der schönen, modernen Glitzerstadt. Doch vielleicht war das eine Ausnahme. Gemäß mir zugetragenen Berichten muss das Klima im Nordwesten, d.h., in den Staaten Oregon und Washington, dem in Deutschland ähneln: gemäßigt und oft bewölkt. Dazu ganz im Gegensatz: **„Traumklima" an der südlichen Westküste.** Hier herrscht das durchweg angenehme, trockenwarme und milde Klima der kalifornischen Küste, und das gilt insbesondere für das wildschöne Südkalifornien mit seinen Sonnenstädten *San Diego* und *Los Angeles.*

Wie hieß doch gleich dieses Lied? *It never rains in Southern California.* Wie wahr - außerhalb der *rainy season* (regnerische Jahreszeit) zwischen November und Februar regnet es hier zuverlässig nicht.

Sonnig ist es auch weiter nördlich, mit Ausnahme der Bucht von *San Francisco*, denn hier gibt es eine merkwürdige mikroklimatische Besonderheit: Von der berühmten Bucht steigt fast immer Wasserdampf auf, was der Stadt häufig einen Wolkenhimmel und einen kühlen Wind beschert, so dass man leicht so etwas wie einen „deutschen" Sommer erlebt. Aber wie gesagt:

Dies ist eine lokale Abweichung eines viel günstigeren Großklimas: Wenn man Sonne will, fährt man über die *Golden Gate*-Brücke hinaus aus der Stadt, ein paar Meilen nach Norden, Richtung Napa-Tal und schon ist man wieder in der Sonne und unter Palmen. Die Wolkenhaube ist sozusagen die natürliche Klimaanlage der Stadt.

Trockenheißes Wüstenklima im Südwesten: Grob gesagt, die südliche Hälfte des westlichen Drittels des Landes - ausschließlich des kalifornischen Küstenstreifens - besteht aus trockenheißer Wüste: Nevada, Arizona, Neu-Mexiko, Utah sind die klangvollen Namen der großen Wüstenstaaten und sie enthalten neben Zauberlandschaften bekannte, begehrte Urlaubsziele: den *Grand Canyon* in Arizona, *Las Vegas* in Nevada, *Santa Fe* in Neu-Mexiko.

Der größte Teil des südlichen Staates Texas (beinahe doppelt so groß wie Deutschland) wird ebenfalls von Wüste eingenommen. Obwohl das Thermometer selbst im Frühjahr und Herbst erschreckend hohe Grade anzeigen kann, wird die trockene Hitze dieser Staaten im allgemeinen als viel angenehmer empfunden als die drückend schwüle Sommerhitze im Osten und mittleren Westen.

Schwülheiße Sommer im Südosten: Die sogenannten Südstaaten (die besser „Südoststaaten" heißen sollten) sind berüchtigt wegen ihrer hohen Luftfeuchtigkeit, die sich am schlimmsten in den schwülen Sommern auswirkt. Am extremsten muss es im sumpfigen Louisiana (mit New Orleans) sein, wo die Luftfeuchtigkeit im Sommer so hoch ist, dass Brillen beschlagen und die Türrahmen sich verbiegen. Es ist Hitzschlag- und Kopfschmerzwetter während des größten Teils des Jahres!

Etwas annehmbarer ist das subtropische Klima in Florida: Die Winter sind sehr mild, und im Sommer ist es zwar schwül, doch zumindest im Südzipfel sorgen häufige tropische Gewitter im Sommer für Abkühlung.

Ein sonnensicheres Reiseland: Trotz Regen in Neuengland und Sommerschwüle in New York, eines muss man doch sagen: Fast überall in den USA - außer vielleicht im Nordwesten - scheint die Sonne viel häufiger als im ewig bewölkten Mitteleuropa, und dass ein ganzer Sommer, wie in Deutschland manchmal, einfach ins Wasser fällt, kommt praktisch nicht vor.

Die Tabelle auf der folgenden Seite informiert über die Reisesaisons für die verschiedenen Großgebiete.

Reisesaisons für die verschiedenen Großgebiete

Gebiet	***Wichtigste Reiseziele***	***März-Mai***	***Juni-Aug.***	***Sept.-Nov.***	***Dez.-Feb.***
Ostküste	N. Y., Boston, Philadelphia, Washington	+	schwül	++	kalt
Nordosten	Boston, Buffalo (Niagara-Fälle)	kühl	+	kühl	kalt
Mittl. Westen	Chicago	+	schwül	+	kalt
Nordwesten	Seattle	+	+	+	–
Kalifornien	San Francisco, Los Angeles, San Diego	++	+	++	Regen
Südwesten	Las Vegas, Grand Canyon	+	heiß	+	+
Süden	New Orleans	–	–	+	+
Florida	Miami	+	–	+	+

+ = empfohlene Reisesaison

Zum Baden nach Florida - oder nach New York!

Wer zum Baden in die USA fliegt und sich dabei von Filmbildern mit Surfern in Kalifornien leiten lässt, ist schlecht beraten. Im allgemeinen ist der Pazifik zum Baden zu kalt, wird doch sein Wasser ganzjährig vom arktischen Humboldtstrom abgekühlt. Ich war im August in San Diego, der südlichsten Stadt Kaliforniens und habe keinen Kalifornier im Wasser gesehen.

Ebenso besteht der Daseinszweck des berühmt-berüchtigten *Venice Beach* in Los Angeles nicht etwa im Baden im kalten Wasser, sondern im Herausstellen „heißer" Körper in der kalifornischen Sonne. Besonders die männlichen gutgebauten Kalifornier wollen hier ihre Schönheit nicht für sich behalten, weswegen der Strand im Volksmund auch *Muscle Beach* (Muskelstrand) genannt wird.

Dagegen wird die gesamte Ostküste bis hinauf nach New York City von dem guten alten Golfstrom aufgeheizt. Baden kann man daher praktisch ganzjährig in Südflorida und im Sommer bis hinauf nach New York. Tatsächlich ist die Stadt New York auch ein Seebad, besitzt sie doch einen beliebten Sandstrand auf Coney Island, Manhattan südlich vorgelagert. Man kann mit der U-Bahn dorthin fahren. Doch wie man sich vorstellen kann, ist dieser Badestrand vor den Pforten der Zehnmillionenstadt im Sommer hoffnungslos überfüllt.

Sehr sehenswerte Sandstrände findet man auf Long Island, weiter von der Stadt entfernt. Der schönste, den ich kenne, befindet sich auf Fire Island, einer südlich Long Island vorgelagerten Insel, nur anderthalb Stunden von Manhattan entfernt: Man erreicht diesen nur 100 Meter breiten, doch kilometerlangen Landstreifen von New York City aus mit dem Zug (Penn Station - Babylon, umsteigen - Bay Shore) und der Fähre. Neben dem endlosen Sandstrand auf der Südseite, dem zum Karibik-Postkarten-Traumstrand nur die Palmen fehlen, gibt es hier malerische Strandhäuser und einladende Gartenlokale mit guten Fischgerichten. Eine besondere Atmosphäre entsteht auch dadurch, dass auf der Insel keine Autos zugelassen sind. Naturfreunde können auf hölzernen Stegen einen sumpfigen Wald mit artenreicher Vegetation erkunden.

Beliebte Badestädte gibt es auch auf dem Festland gegenüber von New York, nämlich in New Jersey: *Atlantic City, Ocean City, Cape May.* Atlantic City ist eher für seine Spielhöllen bekannt, doch gibt es eine sehenswerte Strandpromenade und einen schönen Sandstrand. Wie in anderen Spielerstädten, wird auch hier in manchen Kasinos gute Unterhaltung zu erschwinglichen Preisen angeboten, zum Beispiel im luxuriös ausgestatteten Kasino „Taj Mahal", in dem regelmäßig international bekannte Künstler und Show-Truppen auftreten. Cape May ist nicht nur wegen seines schönen Sandstrandes bekannt, sondern auch wegen der Schönheit seines alten Ortskerns aus Holzhäusern mit beeindruckenden Fassaden; es erinnert sehr an die viel bekannteren Holzfassaden von Charleston in South Carolina.

New York

Man kann die US-Amerikaner - und wohl ebenfalls den Rest der Welt - gut in zwei Klassen einteilen: solche, die New York lieben, und solche, die es hassen. Die nicht in der Stadt Ansässigen und ganz bestimmt die jenseits auf dem Festland wohnenden „Stämme" New Jerseys gehören mehrheitlich zur letzteren Gruppe. Um es frei heraus zu sagen: Viele Bürger der USA hätten gar nichts dagegen, wenn die ganze verrottete, stinkende Insel namens *Manhattan,* die das Herz der Stadt trägt, ohne viel Aufhebens im Atlantik versinken würde.

Zum Teil liegt das wohl daran, dass die Vereinigten Staaten nicht gerade eine Stadtkultur sind. Man darf nicht vergessen, dass große Teile des Landes immer noch Viehzucht und Ackerbau betreiben. Der *Yuppie* [JAppi] (**Yup** = **Y**oung **u**rban **p**rofessional, etwa „junger, städtischer Karrieremensch") in Deutschland mag vom Penthouse in München träumen; der Neureiche hier wird sich eher eine Ranch auf einem möglichst einsamen Berg zulegen. Außerdem ist New York keine sehr amerikanische Stadt: Es ist schon immer das zentrale Einfallstor für Einwanderer aus aller Welt gewesen und in manchen Gebieten ist eine reichlich deplatziert wirkende *Stars-and-Stripes*-Fahne das einzige, was an die Vereinigten Staaten erinnert.

Europäer dagegen sind der Stadt zumeist sehr zugeneigt, ist sie doch durch ihre Dichtheit, ihre breiten Bürgersteige, dem weiträumigen *Central Park,* den Fußgängerzonen und den Straßencafes auch eine sehr europäische Stadt.

Die einzige Möglichkeit, selbst herauszufinden, ob man zu den New York-Liebhabern oder -Hassern gehört, ist wohl, der Stadt einen Besuch abzustatten. Aus eigener Erfahrung kann ich allerdings sagen, dass die Stadt mindestens zwei Gesichter hat: Ein buntes, sympathisches, und ein graues, abstoßendes. Ob man zum New York-Hasser oder Liebhaber wird, hängt davon ab, welches Gesicht man kennenlernt, und das hängt wiederum davon ab, wann man die Stadt besucht und was man tut:

Wie man New York-Hasser wird

▶ Man besuche die Stadt zwischen *Thanksgiving* (wichtiger US-amerikanischer Feiertag, der letzte Donnerstag im November) und Jahresende, und quäle sich zwischen Heeren aus eher gereizten, eher unfreundlichen Individuen im Weihnachtskaufrausch hindurch.[7] Die Stadt quillt dann so über, dass man an allen bekannten Sehenswürdigkeiten mit Wartezeiten von bis zu einer Stunde rechnen muss.

[7] Dies ist allerdings sehr subjektiv. Vielle Leute mögen New York **gerade** zur Weihnachtszeit und zwar aus folgenden Gründen: (a) Kaufrausch! (b) Schlittschuhlaufen im Rockefeller-Center vor dem GROSSEN Weihnachtsbaum! (c) Stoßen und Gestoßen werden in der vibrierenden Welthauptstadt der Metropolen!

Selbst irgendwo etwas zu essen zu kaufen, kann zu einem quälenden Problem werden. Und zu den spitzen Ellenbogen gereizter New Yorker und Besucher kommt noch der eisigschneidende Wind, der die Stadt bis März nicht mehr loslassen wird.

▶ Man unternehme im Hochsommer eine Bootstour zur Freiheitsstatue: Zu einem saftigen Preis bekommt man ein rundes Paket: Man wird wie eine Sardine auf ein Boot gestopft - zwischen Heeren von Touristen, die denselben Fehler begangen haben und daher bald eine entsprechende Laune haben; dann darf man stundenlang auf der winzigen Insel vor dem Geschenk Frankreichs an die USA Schlange stehen, in der Sommerhitze, inmitten von schwitzenden Touristen mit ihren schreienden Babies, ohne jeden Schatten oder Sonnenschutz, bis man schließlich jeden Gedanken aufgibt, die Statue zu betreten, und nur noch zurück will - was natürlich die Zehntausend anderen ebenfalls im Sinn haben, so dass man entnervt dem vollgepackten Schiff nachstarrt und aufs nächste warten muss. Hat man sich endlich glücklich in ein Boot gequetscht, verzichtet man gerne auf den im Preis eingeschlossenen Besuch von *Ellis Island,* der berühmten Einwandererinsel, und ist froh, wieder heil in Manhattan anzukommen.

▶ Man fahre fröhlich mit dem Auto in die Stadt hinein - ohne zu bedenken, dass Manhattan eine Insel ist, auf der ein paar Millionen Leute wohnen, und die täglich von ebensovielen Touristen, Geschäftsleuten und Pendlern heimgesucht wird. Es gibt nun mal nur eine Brücke und zwei Tunnel zum Festland, und zu bestimmten Stunden sind alle drei Engpässe total verstopft. Und das ist nicht das einzige Problem: Auf der engen, dicht besiedelten Insel ist Parkraum natürlich knapp und teuer. Zum Glück ist all der Ärger gar nicht notwendig: Man fährt mit Zug oder U-Bahn in die Stadt und bdient sich in ihr des gut ausgebauten U-Bahn-Systems und der allgegenwärtigen, billigen Taxis.

Wie man New York-Liebhaber wird

▶ Man besuche die Stadt im späten Frühling oder frühen Herbst. Man entledige sich seines Autos vor den Toren der Stadt und fahre mit Zug oder U-Bahn weiter. Empfehlenswerter Ausgangspunkt ist die alte Hafenstadt Hoboken in New Jersey, gerade auf der anderen Seite des Hudsons: Dort gibt es große, bewachte Parkplätze und einen Bahnhof, von dem aus man mit der *Path*-U-Bahn, unter dem Hudson-Fluss hindurch, mitten in die Stadt gelangt. Am besten fährt man von dort zum *World Trade Center,* dem berühmten Doppelturm der Stadt, der alle anderen Hochhäuser weit überragt.

▶ Von der *Path*-Haltestelle unter dem *World Trade Center* kann man, ohne den Gebäudekomplex zu verlassen, auf die Aussichtsplattform des Hochhauses gelangen und sich die Stadt erst einmal in Ruhe von oben ansehen. Dann kann man zu Fuß oder per Taxi zur vibrierenden, leicht schmuddeligen *Chinatown* (Chinesenviertel) gelangen und von dort zum benachbarten *Little Italy* (Italienerviertel) mit seinen schönen Cappucchino-Bars und Straßencafes.

▶ Dann fährt man weiter *uptown* (also „stadtaufwärts", nach Norden), am besten mit der U-Bahn, und besuche wenigstens eines der weltberühmten Museen: *Museum of Modern Art, Metropolitan Museum, Guggenheim Museum.* Wenn man nur ein Museum besuchen kann oder will, dann empfehle ich das letztgenannte: Das Guggenheim-Museum ist vergleichsweise klein und übersichtlich, und das Gebäude selbst ist das wichtigste Museumsobjekt: Ein ungewöhnliches Architekturobjekt, außen rund und in seinem Kern aus einer Rampe bestehend, die sich schneckenhausartig um ausgestellte Kunst nach oben windet. Es ist das Meisterstück des in den USA berühmten Architekten Wright.

▶ Danach entspanne man sich im *Central Park* mit Lunch im *Boathouse Cafe,* wo man auf einer großen Terrasse an einem Teich sitzen kann und die Aussicht genießt auf die

Baumkulisse am Ufer mit den silbernen Hochhäusern dahinter; im Hintergrund spielt dann im Park vielleicht eine Jazzband leichte, beschwingte Musik und plötzlich weiß man: das ist New York. Am Abend schlendere man durch *Greenwich Village* und habe Dinner in einem der zahlreichen, guten Restaurants mit Küchen aus aller Welt. Dann kehre man mit der Path-U-Bahn, Haltestelle „Christopher Street", nach Hoboken zu seinem Auto zurück.

Nervenspartipps für New York-Besucher:

Nie die Stadt zwischen Thanksgiving (Ende November) und Neujahr besuchen!

Nie mit dem Auto in die Stadt fahren.

Auf den Touristentrip zur Freiheitsstatue verzichten.

Im Herbst zur Foliage nach Neuengland

Die beste Jahreszeit für einen Besuch der Neuenglandstaaten im Nordosten ist der Herbst, genau gesagt, die zweite Oktoberhälfte. Warum? Weil dann die einmalige Färbung des Herbstlaubes ihren Höhepunkt erreicht. Also fahren viele Amerikaner nach Neuengland hinauf, um die bunte *Foliage* [Foljetsch] (Herbstverfärbung des Laubes) zu genießen. Aus mir unbekannten Gründen färbt sich das Laub hier im Herbst nicht wie in Mitteleuropa in gedämpfte Rostrot- und Brauntöne, sondern in poppiges Knallgelb, Knallrot und Knallorange.

Vielleicht besteht der Grund dieses Farbenreichtums im andersartigen Baumbestand. Zum Beispiel ist hier eine Ahornart weit verbreitet, die sich im Herbst tiefrot verfärbt. Möglicherweise liegt es aber auch am viel drastischeren Temperatursturz zwischen Sommer und Winter. Zusammen mit dem zuverlässig blauen Himmel ergibt sich ein unvergessliches Farbenspiel, eingebettet in eine weitgehend unberührte Mittelgebirgslandschaft - Schwarzwald hoch drei! Die Foliage ist nicht auf Neuengland beschränkt; man kann sie auch in New York, New Jersey und Pennsylvanien genießen. Allerdings ist in Neuengland - und vor allem in Vermont - die Landschaft am schönsten. Das Farbspiel gipfelt im Oktober und dauert ungefähr drei Wochen; wann es genau wo am schönsten ist, hängt von Ort und Wetter ab.

Skifahren in Colorado

Die alten, von Jahrmillionen währender Erosion geschleiften Hügel der Mittelgebirge im Osten bieten relativ schneesichere Skigelegenheiten für Anfänger und Fortgeschrittene. Die wahren Anhänger und Wagehälse zieht es jedoch in steilere Massive und die findet man in den *Rocky Mountains,* im Westen des Landes, die so hoch wie die Alpen in den meist blauen Himmel ragen, so dass in einigen Gebieten auch Sommerski möglich ist. Wer auf sich hält und seine Nachbarn beeindrucken will, fährt im Winter zum Skifahren nach *Colorado.*

Die Wüste lebt

Deutschland ist ja ein schönes Land, das für seine Größe einiges zu bieten hat: vom Flachland über Mittelgebirge bis zu steilen Alpengipfeln. Eines jedoch fehlt uns völlig: Es gibt in Deutschland keine Wüste: keine Salzwüste, keine Steinwüste, keine Sandwüste - einfach gar nichts Wüstenhaftes.

Deshalb ist für Deutsche die Erfahrung einer Landschaft, der es an allem mangelt, außer an Raum, die von nahezu allem entleert ist und nur voll ist von Raum, ein fast bewußtseinserweiterndes Erlebnis. Man darf es sich nicht entgehen lassen! Da der ganze Südwesten der Staaten versteppt und verwüstet ist, kann man sie dort kaum verfehlen. Man muss sich nur einen Wagen leihen und tagelang einfach durchfahren, immer weiter bis zur Küste des Pazifiks im

Westen. Atemberaubend ist nicht nur die Wüste an sich, sondern auch die ständig wechselnden Kontraste zwischen Wüste und fruchtbaren Abschnitten an Berghängen und Tälern, an denen sich die spärlichen Wolken abregnen. Und dann, in vollständig künstlichen, vor Überfluss sprudelnden Oasen, wie zum Beispiel *Palm Springs* oder *Las Vegas,* wird man der amerikanischen Seele vielleicht etwas näher kommen. Es ist immer noch hier, im Westen, wo die USA so unvergleichlich „amerikanisch" sind.

Kalifornien - Land der Gegensätze

Wer sich innerhalb von Stunden am Strand sonnen und alpin skifahren möchte, oder innerhalb von noch kürzerer Zeit von extremer Wüste im Tal hinauf auf grüne, bewaldete Höhen steigen will, der muss Kalifornien bereisen, das Land der Gegensätze. Das Land selbst ist fast zerrissen von seinem eigenen Gegensatz, dem zwischen Norden und Süden des Landes - ein Gegensatz aus klimatischen, kulturellen und politischen Faktoren.

Politische Diskussionen, das Land in zwei Bundesstaaten zu teilen, leben immer wieder einmal auf. Dominierende Stadt des Südens ist das neureiche, chaotische, sich unkontrolliert in die Wüste ausbreitende Los Angeles; bedeutendste Stadt des Nordens das kühle, aristokratische, auf an Rom erinnernden Hügeln gelegene San Francisco an der atemberaubend schönen Bucht. Beide Orte sind durch eine ganztägige Autoreise getrennt.

Ein Dreistundentrip durch Großstadt, Wüste, Oase, Hochgebirge und Fichtenwald: Für viele Touristen am nächstliegenden ist es wohl, die Wüste von Los Angeles aus zu erkunden - auf einer zweistündigen Fahrt nach *Palm Springs,* einer künstlichen Oase mit Luxushotels, Palmen und sprudelnden Wasserquellen mitten in einer trockenheißen Wüste, in der kein Grashalm gedeihen kann. Wem das an Kontrasten noch nicht reicht, dem bietet *Palm Springs* die *Aerial Tramway:* Diese in der Schweiz gebaute Seilbahn transportiert Besucher innerhalb von Minuten von der trockenheißen Wüstenlandschaft einen steilen Bergrücken hinauf, mitten in einen duftigen, kühlen Nadelwald - ein unvergessliches Erlebnis!

Anstelle der Seilbahn kann man sich auch mit dem Auto auf dem treffend benannten *From Palms to Pines Highway* die steilen Serpentinen hinaufwinden, von den Palmen des bewässerten Tals zu den Pinien des Städtchens *Idyllwild* - und staunend die nun langsame, schrittweise Veränderung der Vegetation und Landschaft beobachten.

Wem das an Gegensätzen noch nicht genügt, der möge Südkalifornien zwischen Januar und März besuchen. Dann kann man sich nämlich morgens am Strand unter Palmen sonnen und nachmittags auf dem *Big Bear*-Berg im *San Bernadino-County* Ski fahren, nur eine bis anderthalb Stunden von Los Angeles entfernt.

Las Vegas für Naturliebhaber

Jawohl - *Las Vegas,* die „unwahrscheinliche" Wüstenstadt, hat mehr zu bieten als nur einarmige Banditen und Roulette-Tische! Die Stadt ist geeigneter Stützpunkt zur Erkundung eines Umlandes, das reich ist an spektakulären Landschaften. Da ist zunächst eine variationsreiche Wüste direkt um die Stadt; dann ist der berühmte *Hoover*-Staudamm mit dem *Lake Mead* nur eine knappe Stunde entfernt: Das azurblaue Wasser des *Colorado*-Flusses, angestaut in einer trockenheißen Wüste, in der kein Grashalm wächst - das ist eine Szenerie, die man nicht so schnell vergisst!

Zwei lohnende Stunden Autofahrt nach Norden führen zum Eingang von *Death Valley* (Todestal), einem der trockendsten und heißesten Gebiete der Erde. Und das Beste von allem: Der weltberühmte *Grand Canyon* ist auch in Reichweite - von Las Vegas aus kann man ihn mit Hubschraubertouren erkunden, Landung auf dem Grund des Canyons eingeschlossen.

Las Vegas ist auch aus anderen Gründen ein guter Stützpunkt: Insbesondere zwischen den Wochenenden sind Hotels dort sehr günstig! Der Grund ist, dass die meisten Hotels gleichzeitig Kasinos sind und sich aus dem Glücksspiel finanzieren - die Zimmerpreise sind nicht berechnet, um Gewinne zu machen, sondern um Spieler anzulocken. Aus demselben Grund sind Inlandsflüge und Bustouren nach Las Vegas ebenfalls oft billig zu haben. **Nichtspieler sind hier die Gewinner.**

Und darüber hinaus hat die Stadt selbst für Nichtspieler einiges an guter Unterhaltung und Sehenswürdigkeiten zu bieten: Sie ist sozusagen ein Trip zur US-amerikanischen Seele, denn in dieser gespenstig aufgeblähten Fata Morgana sieht man, wie sonst nur in Disneyland, die ganze ins Riesenhafte übersteigerte Verspieltheit der US-Kultur:

Das Kasinohotel „Luxor" folgt einem ägyptischen *theme* (Thema): Es sieht aus wie eine Pyramide und es wird von einer riesigen Sphinx bewacht. Drinnen fließt ein künstlicher Nil, auf dem sich Touristen in „ägyptischen" Booten herumfahren lassen. Im Untergeschoss befindet sich eine durchaus sehenswerte Nachbildung der Grabkammern des altägyptischen Königs Tutenchamun.

Das Kasinohotel nebenan, „Excalibur", ist mit über 4000 Zimmern eines der größten Hotels der Welt. Es folgt einem mittelalterlichen Burgthema, mit Türmchenfassade, Zugbrücken, Zinnen und dergleichen. Das Bewegungskino im Keller sollte man sich nicht entgehen lassen: Gefilmte Achterbahnfahrten und hydraulisch geschaukelte Kinostühle ergeben eine verblüffend wirklichkeitsnahe Illusion!

„Caesar's Palace" nebenan ist „klassisch-römisch" gebaut, wogegen das fernöstlich-exotische „Mirage" zwischen seinen eleganten, goldbeglasten Hoteltürmen eine Glaskuppel mit einem „echten" tropischen Regenwald enthält! Außerdem gibts hier Haifischbecken sowie einen szenenhaften Freiluftkäfig mit seltenen weißen, blauäugigen Tigern.

Das „Circus Circus”-Hotel hat eine Kuppel mit einer künstlichen Canyon-Landschaft, durch die sich eine atemberaubende, sich zweimal überschlagende Achterbahn windet. Man kann sich auch in einem Boot einen fast senkrechten künstlichen (aber mit Wasser versehenen) Wasserfall hinabstürzen lassen. Darüber hinaus gibt es hier für kleine und nicht so kleine Kinder einen „Jura-Park” mit sich erschreckend lebendig gebärdenden, lebensgroßen Dinosauriern.

Vor einem Hotel namens „Treasure Island” (Schatzinsel) findet man wunderbare Nachbauten alter Piratenschiffe an einem künstlichem Meer, und tatsächlich wird hier mehrmals täglich mit viel Feuer und Rauch eine „echte” Schlacht zwischen einem Piratenschiff und einer königlich-britischen Karavelle ausgeführt.

Die Fassade des nächsten Hotelkasinos sieht aus wie eine Häuserzeile vom Montmartre, und so weiter und so fort - Las Vegas ist ein einziger, total überspannter Vergnügungspark, nicht nur für Spieler, sondern auch für kleine und große Kinder.

Einige Nationalparks der USA

Name	*US-Bundesstaat*
Death Valley	Kalifornien, Nevada
Glacier	Montana
Grand Canyon	Arizona
Great Smokey Mountains	North Carolina, Tennessee
Mommoth Cave	Kentucky
Sequoia/Kings Canyon	Kalifornien
Shenandoah	Virginia
Yellowstone	Wyoming (überwiegend), Montana, Idaho
Yosemite	Kalifornien

11. Unterwegs

Langstrecken legt man in den USA mit dem Flugzeug zurück; im Übrigen bewegt man sich auf der Straße, sei's im Auto oder im Bus. Das Reisen mit dem Zug ist dagegen sehr viel unüblicher als in Europa, obwohl es zumindest im Osten ein gut ausgebautes Zugnetz gibt. Öffentliche Nahverkehrsmittel wie Straßenbahn oder U-Bahn sind im Allgemeinen nicht so gut ausgebaut wie in europäischen Städten.

Die American Automobile Association (AAA) als wertvolle Reisehilfe

Die *American Automobile Association* (AAA, sprich „tripl Ey") ist das US-amerikanische Gegenstück zum deutschen ADAC. Sie bietet zahlreiche kostenlose Reisehilfen und sogar Hotelrabatte an, die man unbedingt in Anspruch nehmen sollte, wenn man Mitglied ist oder mit einem Mitglied reist. Eine Mitgliedschaft kann sich selbst dann lohnen, wenn man gar nicht Auto fährt! Denn für einen geringen Jahresbeitrag (1996: $ 65 für das erste Jahr) kann man mit folgenden Leistungen rechnen:

- Gratislandkarten,
- Gratisexemplare der hervorragenden AAA-Reiseführer, die für die verschiedenen Bundesstaaten erscheinen,
- Routenplanung,
- Rabatte in AAA-empfohlenen Hotels,
- Rabatte bei Eintrittskarten, Tickets etc.

Für Autofahrer kommen die für Autoklubs üblichen Leistungen hinzu, wie Notfalldienste und kostenloses Abschleppen bei Autopannen. Nach Auskunft des AAA ist es auch für Touristen möglich, eine Mitgliedschaft zu erwerben. Man benötigt lediglich Geld für den Jahresbeitrag sowie eine amerikanische Adresse. Eine Kontaktmöglichkeit zur AAA finden Sie im Kapitel 16, Seite 186. Insbesondere die hervorragenden AAA-Reiseführer sind die beste Hilfe, die man als Autotourist bekommen kann. Sie werden für die verschiedenen Gebiete der USA herausgegeben und sie enthalten detaillierte Informationen über Sehenswürdigkeiten, Land- und Stadtkarten und Hotelbeschreibungen mit präzisen Preisangaben und sogar Anfahrtskizzen.

Mit einem solchen Ratgeber im Handschuhfach findet man sich auch als Fremder problemlos zurecht. Selbst wenn man kein AAA-Mitglied ist, sollte man sich diese Bücher besorgen - am besten über einen amerikanischen Freund, der Mitglied ist. Man kann sie auch in den AAA-Geschäftsstellen für etwa zehn Dollars (1996) erwerben.

Mit dem Flugzeug unterwegs - und was man in der Luft über die Höhen und Tiefen des Kapitalismus lernen kann

Letztlich bin ich beim Warten am Schalter meiner Fluglinie mit einer alten Dame ins Gespräch gekommen. Sie wollte nach Neu Mexiko fliegen, um ihre Tochter zu besuchen. Das dauert fast vier Flugstunden von Philadelphia aus; in dieser Zeit kommt man von Deutschland fast bis in die Türkei. Ihr Sohn lebt in Vermont, im Nordosten, das ist „nur" etwa so weit wie von Frankfurt nach München. Auch dorthin fliegt sie gelegentlich. Sie fragte mich, ob ich mich noch daran erinnern könne, als man sich noch gut anziehen musste für Flugreisen.

Nein, sagte ich, dazu sei ich wohl zu jung. Doch doch, bekräftigte sie, früher sei das so gewesen, man zog sich ebensogut an wie fürs Theater oder die Oper. Aber heute fliege ja jeder, wie's ihm gefalle, oft sogar in Shorts und Turnschuhen. Wohl wahr. Das Flugzeug ist heute das wesentliche Verkehrssystem für ein Land, das sich über einen Kontinent spannt. Es ist oft die einzige praktikable Möglichkeit, die weit verstreut lebenden Freunde und Familienmitglieder zu besuchen. Daher sind Flugreisen hier etwas sehr Alltägliches und nicht aufregender als eine Bahnreise von Hamburg nach Berlin.

Möglich wurde das auch durch den erbitterten Wettbewerb zahlreicher privater Fluglinien, wodurch erst das Flugzeug zu einem für jedermann erschwinglichen Massentransportmittel wurde. Im Gegensatz zu europäischen Staatsgesellschaften können US-amerikanische Fluguntemehmer, die nicht wettbewerbsfähig arbeiten, tatsächlich in Konkurs gehen. Dies zeigt das Beispiel der ehemals ruhmreichen *PanAm*-Gesellschaft, die nunmehr nur noch im Namen des *PanAm*-Hochhauses in New York weiterlebt.

Vor dem Hintergrund dieses erbitterten Überlebenskampfes versteht man, dass die Wettbewerbspraktiken der Fluglinien nach deutschem Geschmack oft nicht „astrein" sind. Man muss schon **sorgfältig das Kleingedruckte lesen** und darauf achten, dass man das enorme Sparpaket, dessentwegen man die Gesellschaft gewählt hat, auch tatsächlich bekommt.

Oft findet man günstige Angebote für ein Wochenende, Hotel inklusive, zum Beispiel im Reiseteil einer großen Tageszeitung. Doch immer sind die groß angepriesenen Preise an viele kleine Bedingungen geknüpft, die man im Kleingedruckten findet, oder eben auch nicht. Die vielfältigen Beschränkungen betreffen die Saison, die Route, benötigte Reservierungsfristen, Mindestaufenthalte, erforderliche Wochenendeinschlüsse und so weiter und so fort. Kurz: Ein undurchdringliches Dickicht aus Regeln und Bedingungen, das die Reiseplanung, wie ein Reisejournalist einmal zynisch anmerkte, zu einer Art Schachspiel macht.

Irgendeine Fluggesellschaft hat einmal mit dem billigsten aller billigen Tricks angefangen, nämlich den Preis nur für die Hinreise anzugeben und im Kleingedruckten zu vermerken, dass der Preis die Rückreise nicht einschließe und man ihn außerdem nur bekomme, wenn man eine Rundreise kaufe, zum doppelten Preis, versteht sich. Und natürlich mussten dann alle anderen Gesellschaften, deren Preise plötzlich doppelt so hoch aussahen, nachziehen und dieselbe Methode anwenden, die seitdem üblich geworden ist.

Ein anderer, etwas raffinierterer und daher üblerer Trick ist, dass der „Supersparpreis" nur für eine Anzahl der Sitze im Jet gilt und man muss sich vergewissern, dass man den Niedrigpreis auch wirklich bekommt. **Vorsicht vor allem bei Geschäften am Telefon!** Als man anrief, war gemäß mündlicher Auskunft noch ein billiger Platz frei. Also reserviert man, doch wie vergewissert man sich, dass man den billigen Platz bekommt und nicht den normalen Preis bezahlt? Die Fluggesellschaft kann immer argumentieren, dass zum Zeitpunkt des Geschäfts kein Platz in der bestimmten Sitzplatzauswahl mehr frei gewesen sei. Es empfehlen sich die üblichen Schritte, um Telefongeschäfte zu sichern: Datum, Zeit und Name des Gesprächspartners notieren und eine schriftliche Bestätigung des Fluges, Datums und Preises anfordern, wenn möglich sofort per Telefax.

Die Vielfliegerart, Geld zu sparen, ist dagegen ein reelles Geschäft: Praktisch alle Fluglinien bieten Gratisflüge für die treuen Kunden an. Das einzige, was man tun muss ist, Mitglied zu werden. Dann bekommt man ein *Frequent Flyer*-Konto; darauf sammeln sich alle Flugmeilen an, für die man bezahlt hat. Und ab einer gewissen Menge, zur Zeit (1997) 25 000 Meilen, bekommt man einen Inlandsflug geschenkt. Weil die Mitgliedschaft kostenlos ist, und weil die nötige *mileage* bei den meisten Fluggesellschaften nicht in einem beschränkten Zeitraum angesammelt werden muss, sollte man von dieser Möglichkeit unbedingt Gebrauch machen. Informationen gibt es an den Schaltern der betreffenden Fluggesellschaft in jedem Flughafen. Auch wenn man es noch nicht für sinnvoll hält beizutreten, „weil man ja sowieso niemals 25.000 Flugmeilen in den USA zusammenbekommt", sollte man lieber die Quittungen für Flugscheine und die Bordkarten *(Boarding Passes)* aufheben - auf dieser Basis werden im Falle einer späteren Mitgliedschaft die Meilen nachträglich gutgeschrieben. Allerdings sollte man die Vielfliegermeilen auch nicht überbewerten, denn Freiflugscheine sind an so viele Bedingungen geknüpft, dass sie oft nicht mit eigenen Reiseplänen zu vereinbaren sind. Nach meiner Auffassung ist eine realistische Bewertung von Vielfliegermeilen etwa ein Cent pro Meile. Rechenbeispiel:

Für den Trip von New York nach Los Angeles und zurück, 2500 Meilen mal zwei, werden 5000 Vielfliegermeilen auf dem Frequent Flyer-Konto gutgeschrieben; sie haben einen Wert von ungefähr $ 50. Denn wenn man fünf mal so viele Meilen zurückgelegt hat, dann bekommt man einen kostenlosen Flugschein für eine Reise innerhalb der USA, der wegen der zahlreichen Reisebeschränkungen ungefähr mit $ 250 zu bewerten ist.

$$ Trotz all der aufgezählten Sonderangebote sparen Touristen am meisten Geld, wenn sie von zu Hause aus alle Flüge und Anschlussflüge planen und buchen.

$$ Frequent Flyer-Programme sind ein realistischer Weg zu Freiflügen. Auch wenn man noch nicht teilnehmen will: Ticket-Quittungen und Bordkarten aufheben!

Mit dem Auto unterwegs - zur ‚Erfahrung' einer kompromisslosen Straßenkultur

Das andere wichtige Transportmittel neben dem Flugzeug ist das Auto. Kernstück dafür ist ein dicht gewobenes Netz aus Autobahnen, den sogenannten *Interstate Highways,* welche das Land systematisch von Nord nach Süd und von Ost nach West überspannt.

Über Berge und Seen laufen die endlosen Asphaltbänder, durch Schneefelder und Steinwüsten, durch Steppen und Wälder, und selbst vor dem Ozean machen sie nicht Halt: Die zahlreichen subtropischen Inseln an Floridas Südspitze sind heute alle mit einem modernen Highway verbunden, eine technische Glanzleistung aus über hundert Brücken und Dämmen.

Doch hier, unterwegs von *Miami* nach *Key West,* wird einem plötzlich klar, mit welcher Kompromisslosigkeit die US-Straßen„kultur" Landschaften vergewaltigt und alle wundervollen Naturkontraste des weiten Landes plattgewalzt und eingeebnet hat: links und rechts des endlosen, schnurgeraden Highways nichts als zwei ebenso endlose Ketten aus Tankstellen, Autowaschanlagen, Schnellrestaurants, Motels, riesigen Reklametafeln, Einkaufszentren und ähnlichen „Augenweiden". Man blinzelt und will es nicht glauben:

Befindet man sich wirklich auf subtropischen Inseln im Golf von Mexiko? Wenn man es nicht wüsste, würde man es nicht merken, denn von den paar eingesprenkelten Palmen abgesehen sieht es hier so aus wie überall sonst in den Vereinigten Staaten.

Doch bequem ist es schon, und ohne das Auto zu verlassen, braust man von *Miami* bis hinunter nach *Key West,* Hemingways berühmter Wahlheimat, die tatsächlich noch etwas von ihrem historischen Inselcharakter behalten hat.

Im Mietwagen unterwegs

Die typisch US-amerikanische Art zu reisen ist die folgende: Langstrecken durch die Lüfte, dann mit dem *Shuttle bus* vom Ankunftsterminal des Flughafens zum Autoverleih und mit dem Leihauto zum Zielort.

Die erste Frage ist oft: Was ist billiger - den Mietwagen zu Hause oder in den USA zu buchen? Leider ist darauf keine generelle Antwort zu geben; das hängt von zu vielen Faktoren ab und ändert sich von Zeit zu Zeit. Ein europäischer Tourist wird im allgemeinen die Reise in Europa planen und von dort aus buchen.

Wichtig ist, dass man, trotz Buchung und Vorauszahlung bei der Reiseagentur, für den Urlaub dennoch eine **Kreditkarte** benötigt - ganz gleich, was einem die heimatliche Agentur erzählen mag! Der Grund ist, dass die Autovermieter hier keine Risiken eingehen wollen und sich für den Fall eines Verlustes oder einer Beschädigung des Mietwagens eine Handhabe sichern.

Einige Anmerkungen zu den Geschäftspraktiken der Verleihfirmen sind nötig: Anders als bei manchen europäischen Verleihern wird im allgemeinen für PKW keine Kilometerpauschale berechnet - man kann so weit fahren wie man will und bezahlt doch nur den vereinbarten Tagessatz. Diese Leistung heißt *unlimited mileage.*

Man sollte unbedingt planen, den Leihwagen dort abzugeben, wo man ihn geliehen hat. *One way rentals,* bei denen man das Auto an einem anderen Ort abgibt, sind zwar möglich, aber enorm teuer, da man für den Rücktransport des Autos aufkommen muss.

Was das Benzin angeht: Man bekommt das Auto vollgetankt und muss es auch vollgetankt zurückgeben. Wenn man zum Tanken zu bequem ist, kann man den Wagen neuerdings mit leerem Benzintank abgeben und für Benzin und Tankservice bezahlen. Ausführlichere Anmerkungen zum Thema Versicherung scheinen ebenfalls sinnvoll zu sein, denn Versicherungsangelegenheiten bei Leihwagen sind „klar wie Schlamm", wie ich letztlich im Reiseteil einer großen U.S.-Zeitung las. Wirklich klar sind nur zwei Dinge: Erstens, im Grundpreis des Leihwagens ist keinerlei Versicherung eingeschlossen, nicht einmal Haftpflicht und schon gar nicht Vollkasko! Zweitens, beides kann man beim Autoverleih hinzukaufen, was den Tagessatz zwangsläufig deutlich erhöht.

Die wichtige Frage ist daher: Was braucht man und was hat man schon? **Wirklich wichtig ist die Haftpflichtversicherung** *(liability insurance),* denn in den allermeisten Staaten ist es ebenso illegal wie in den meisten Ländern Europas, ohne Haftpflichtversicherung zu fahren. Ob sich die eigene Haftpflichtversicherung automatisch auf das Mietauto überträgt, ist mehr als fraglich.

Wenn man in Deutschland haftpflichtversichert ist, wird die Antwort wohl nein sein! Wenn man allerdings, wie ich, in den USA haftpflichtversichert ist, dann ist die Antwort ein klares „es kommt drauf an" - auf die Art der Versicherungspolice nämlich. So oder so, man muss mit seiner Versicherung die Dinge klarstellen und wenn nötig die *liability insurance* bei der Verleihfirma hinzukaufen.

Die andere Ausgangssituation ist, dass der **Mieter für Verlust oder Beschädigung des Mietwagens vollkommen verantwortlich** ist. Obwohl nicht gesetzlich vorgeschrieben, wird man sich dagegen ebenfalls schützen wollen. Viele Kreditkarten bieten einen solchen Schutz automatisch und ohne zusätzliche Kosten (!), wenn man sie benutzt, um den Mietwagen zu bezahlen. Die Kosten dieser Versicherung sind im Jahresbeitrag der Kreditkarte enthalten. Man muss das also mit seiner Kreditkartenfirma klären. Ist man versichert, dann verschwendet man Geld, wenn man bei der Verleihfirma einen solchen Schutz hinzukauft; ist man dagegen nicht versichert, wird man einen sogenannten *Loss/Damage Waiver* kaufen wollen: Für einen bestimmten Tagessatz übernimmt die Verleihfirma alle Schäden, die aus Verlust oder Beschädigung des Mietwagens entstehen können.

> $$ Wenn Sie mit Kreditkarte bezahlen, dann sind Sie eventuell gegen Verlust und Beschädigung des Wagens versichert. Beim Verleiher eine Versicherung hinzuzukaufen *(Loss/Damage Waiver* oder auch *Collision Damage Waiver*), wäre Geldverschwendung.
>
> Bitte sprechen Sie vor Reiseantritt mit Ihrer Kreditkartengesellschaft.

Was im Mietwagenvertrag inbegriffen ist - und was nicht

Kosten	***Inbegriffen***
Kilometerpauschale	Meistens *(unlimited mileage).*
Benzin	Nein.
Haftpflicht	NEIN! (Sollte hinzugekauft werden.)
Vollkasko	Nein (Kann hinzugekauft werden: *CDW/Collision Damage Waiver* oder auch *Loss/Damage Waiver.).*

All diese Formalitäten am Schalter der Verleihfirma können ohne weiteres 20 bis 30 Minuten dauern! Die sollte man also einplanen. Nachdem man sich endlich durch diesen Papierkrieg gekämpft hat, setzt man sich in sein „Gefährt", dreht den Zündschlüssel und - nichts rührt sich. Warum denn das? Es gibt noch ein paar Kleinigkeiten, die man über US-amerikanische Autos wissen sollte:

Vielleicht nicht verwunderlich in diesem sicherheitsbesessenen Land, bestehen in den Autos hier einige in Deutschland unübliche Sicherheitsvorrichtungen, die sehr verunsichern können: **Wenn das Auto nicht anspringt,** dann kann der Grund sein, dass man die Kupplung nicht vollständig durchgetreten hat; wenn man den Automatik-Hebel nicht von „Leerlauf" auf „Fahrt" bewegen kann, dann besteht der Grund möglicherweise darin, dass man nicht auf die Bremse tritt.

Neben dem allgemein üblichen Automatikgetriebe sind hier zwei weitere Extras verbreitet, die deutsche Autos in der Regel nicht besitzen: Praktisch alle Autos haben eine Klimaanlage *(air condition),* und teure Wagen verfügen über einen automatischen Geschwindigkeitsregler, *cruise control* [kruus kontroul] genannt. Mit der *cruise control* kann man eine Soll-Geschwindigkeit einstellen, die dann automatisch eingehalten wird, sogar bei Steigungen und Gefälle. Dies ist eine sehr sinnvolle Einrichtung für amerikanische Verkehrsverhältnisse, weil man oft der einzige Verkehrsteilnehmer auf schnurgeraden Straßen ist. Der Regler ist oft an einem Hebel am Lenkrad untergebracht und wird unter anderem durch Bremsen außer Kraft gesetzt. Wenn man noch nie eine *cruise control* hatte, muss man erst lernen, sie zu bedienen, und es kann passieren, dass man sie ungewollt einschaltet. Dann bewegt sich das Gaspedal wie von Geisterhand - oder besser Geisterfuß - und der Wagen beschleunigt, ohne dass man etwas tut. Wenn man nicht weiß, was vor sich geht, kann man schon in Panik geraten. Kein Grund zur Aufregung: Ein kurzer Tritt auf die Bremse schaltet die Anlage aus.

Zur **Klimaanlage:** Im größten Teil der USA können die Sommer unangenehm heiß werden und in manchen Gebieten, wie zum Beispiel im *Death Valley* (Kalifornien) mit Temperaturen über vierzig Grad, ist Kühlung fast lebensnotwendig. Eines sollte man beachten, wenn man die Klimaanlage benutzt: Ein aufmerksamer Autofahrer mag nach dem Parken bemerken, dass unter dem Auto etwas tropft. Er mag sogar eine Tropfspur bemerken, die von der Straße zum geparkten Auto führt. Nur keine Angst, höchstwahrscheinlich ist es vollkommen harmlos: Kondenswasser der Klimaanlage.

Im Überlandbus unterwegs - Die preiswerte Alternative

Das Reisen im Bus ist konkurrenzlos preisgünstig und wer, wie zum Beispiel Studenten, arm an Geld, doch reich an Zeit ist, für den bietet sich diese Reisemethode an. Und hier sprechen wir nicht von Stadtbussen, sondern von Reisebussen als Billig-Alternative zu Leihauto, Zug und sogar zum Flugzeug. Bustickets kosten oft weit weniger als die Hälfte der entsprechenden Zugfahrkarte und nur einen Bruchteil des Flugscheins für dieselbe Route.

Es gibt eine berühmte Busgesellschaft, *Greyhound* genannt, die das ganze Land **von Küste zu Küste** versorgt. *Greyhound* ist ein Begriff für zahlreiche Studenten aus Deutschland und anderswoher, die auf diese Weise das Land bereist haben und nicht vor dem Vier-Tage-Trip von Küste zu Küste zurückschreckten.

Greyhound ist eine nationale Institution, die auch schon in Texte von Rockliedern eingedrungen ist. Allerdings hat diese einzige landesweite Buslinie neuerdings finanzielle Verluste hinnehmen müssen, sehr zugunsten mehrerer regionaler Busgesellschaften, die oft sogar im Stundentakt die größeren Städte eines Bundesstaates oder einer Region verbinden. In jüngster Zeit gibt es viele Bemühungen, das Busreisen komfortabler zu gestalten: So zeigen manche Buslinien Kinofilme wie im Flugzeug und bieten Manager-Sitzplätze mit Küchenservice an.

Die Telefonnummern der regionalen oder Greyhound-Stationen schlägt man am besten in den Gelben Seiten nach, unter *bus lines.* Zwei Kontaktadressen findet man auch im Adressenteil in Kapitel 16, Seite 186. Die Busbahnhöfe in den größten Städten haben erstaunliche Ausmaße und sind mindestens so verwirrend wie große Flugplätze; spätestens hier wird einem klar, dass der Bus als Überlandverkehrsmittel einen vergleichbaren Stellenwert hat wie bei uns die Bahn. Man muss also genug Zeit einplanen, um sich zurechtzufinden.

Mit dem Zug unterwegs ... und über das Glück, in einer serviceorientierten Gesellschaft zu leben

Doch, doch, es gibt Passagierzüge und sie werden auch benutzt. Insbesondere an der Ostküste hat die Schiene eine gewisse Bedeutung, und das ist ja auch kein Wunder, denn die Ostküste ist ähnlich strukturiert wie Europa: ein dichtbesiedeltes Gebiet, dessen Metropolen nur 50 - 200 Meilen voneinander entfernt sind. In einer solchen Struktur ist der Zug immer eine gute Alternative zum Flugzeug, selbst wenn Flugtickets kaum teurer sind als Zugtickets, denn **mit dem Zug** kommt man **von Stadtmitte zu Stadtmitte,** während man als Flugreisender irgendwie von den typischerweise schlecht angeschlossenen Flughäfen in die Stadt gelangen muss.

Die einzige Bahngesellschaft für Langstrecken ist das Staatsunternehmen AMTRAK. Nach meiner Erfahrung bietet AMTRAK einen erheblich besseren Service als die Deutsche Bahn. Zum Beispiel kann man mitten in der Nacht anrufen und ohne Probleme erfahren, wann am nächsten Tag die Züge fahren, und man kann nach Diskussion der verschiedenen Möglichkeiten und Preise in aller Ruhe seinen Sitzplatz reservieren. Das muss man mal mit dem

Service der Deutschen Bahn vergleichen: Man versuche einmal, nachts nach 22.00 Uhr (Frankfurt am Main: 23.00 Uhr) telefonisch herauszufinden, wann am nächsten Morgen der erste Zug von Frankfurt nach München fährt. Viel Glück!

An US-Fahrkartenschaltern gibt es in der Regel keine langen Schlangen, und ein freundlicher Angestellter sucht bereitwillig den günstigsten Tarif heraus. Was bringt dieses Wunder zustande - etwa die kapitalistische Privatwirtschaft? O nein, die Eisenbahngesellschaft, auf die ich mich beziehe, ist ebenfalls staatlich, so wie es die Deutsche Bundesbahn war. Es ist etwas anderes, etwas, das zutreffend als *Service Orientation* oder „Dienstleistungsbereitschaft" bezeichnet wird, ein Gewächs, das in deutschen Breiten vom Aussterben bedroht ist. Denn es sprießt aus dem Bewusstsein, ausschließlich vom Kunden und nicht von nie versiegenden öffentlichen Mitteln genährt zu werden. Wie schrieb doch kürzlich eine US-amerikanische Fluggesellschaft in einer Werbeanzeige: „Sie sind der Grund, dass wir fliegen." Welcher Lufthansa-Angestellte würde das wohl hinnehmen? Bestimmt nicht der, der mir letztlich den Kopfhörer hinstreckte: „Wollen Sie einen?", und als ich zögerlich meine Hand hinhielt, mich barsch aufforderte: „Dann nehmen Sie sich doch einen!"

Es ist diese Service-Orientierung, die in den kleinen Dingen das Leben hier so viel angenehmer macht als in Europa: wo man sich immer und immer wiederfindet vor verriegelten Türen, geschlossenen Ämtern, besetzten Telefonen, unbesetzten Telefonen ohne automatisches Antwortsystem, defekten Automaten, still in sich versunkenen Beamten und taubblinden Kellnern, und wo man noch „bitte" sagen muss, um sein Geld auszugeben, und „danke, dass Sie die Großzügigkeit haben, gerade jetzt, zu so unbequemer Zeit, mein Geld anzunehmen, dieses nichtsnutzige bunte Papier, das Sie weder bekommen noch brauchen. Danke, dass Sie mir die Huld Ihrer Dienstleistung erweisen, obwohl Sie ja so oder so bezahlt werden!".

$$ **Geldspartipp:** Bei manchen US-Bahngesellschaften sind Rückreisen billiger.

$$ Besonders billig ist das Zugreisen leider nicht - auf manchen Strecken ist Fliegen kaum teurer oder gar billiger.

Nahverkehrsmittel

Ein wahrhafter US-Bürger ist zu sehr in seine Unabhängigkeit verliebt, die ihm nur sein Auto bieten kann, und er muss sich schon dazu überwinden, öffentliche Verkehrsmittel zu benutzen. Die stehen eher in dem zweifelhaften Ruf, etwas für Leute zu sein, die zu arm sind, um sich ein Auto zu leisten.

Daher wohl sagt man hier zu öffentlichen Verkehrsmitteln etwas abschätzig *mass transportation* (Massenbeförderung). Und da hierzulande Armut oft mit Gewaltverbrechen Hand in Hand geht, haben manche Verkehrmittel wie zum Beispiel U-Bahnen, den Ruf, gefährliche Orte zu sein.

U-Bahn-Netze und S-Bahnen *(commuter trains)* sind weniger verbreitet als in Europa. In den Metropolen der Ostküste (New York, Boston, Philadelphia, Washington) gibt es gut ausgebaute Netze, aber im Landesinneren und im Westen sieht's anders aus.

Es ist kaum zu glauben, aber Los Angeles, die zweitgrößte Stadt des angeblich reichsten Landes der Welt, hat nur ein gering ausgebautes U-Bahn-Netz. Wegen der starken Luftverschmutzung der Stadt durch Autoabgase hat man jetzt erst angefangen, unter enormen Kosten (und Bestechungsskandalen) nachträglich ein umfangreiches U-Bahn-Netz zu bauen.

Lokale Busse sind nur etwas für Eingeweihte; für Fremde ist in der Regel nicht erfahrbar, wo man die Tickets kauft (im Bus, beim Zeitschriftenhändler, am Schalter?), wann man sie kauft (vor der Fahrt, beim Verlassen des Busses?), ob man passendes Geld braucht, welche Linie wo hält und wann wohin fährt. Oft sind Bushaltestellen gar nicht richtig markiert, geschweige denn mit Fahrplänen ausgestattet.

Nervenspartipp: Für öffentliche Verkehrsmittel passendes Geld bereithalten! Lokale Busse akzeptieren manchmal nur abgezähltes Geld (Münzen). Zu Problemen kommt es garantiert, wenn man nur große Scheine ($ 20 und höher) dabei hat.

Taxis sind ein beliebtes und empfehlenswertes Nahverkehrsmittel, denn sind erheblich billiger als bei uns, und in manchen Städten sind sie fast allgegenwärtig. Außerdem sind sie bequemer als Busse und **weniger gefährlich als die U-Bahnen, die man vor allem nachts besser meidet.** Hinzu kommt, dass die meist freundlichen und gesprächigen Taxifahrer über die Stadt gut Bescheid wissen und gerne ihre Tipps weitergeben.

Vor allem in New York sind die *Yellow Cabs* eine Einrichtung, die man nicht missen sollte. Sie findet man wirklich überall, ungefähr jedes dritte Fahrzeug im gemächlich fließenden Verkehrsbrei der Stadt ist eine dieser altmodischen gelben Blechkisten, die mit ihren Hupen ständig zur brodeligen Atmosphäre Manhattans beitragen.

Der Grund dafür ist, dass die meisten Taxifahrer New Yorks heißblütige Südländer sind, aus Indien, arabischen Ländern und tropischen Inseln, die in ihrer Heimat wohl gelernt haben, dass die erste Pflicht eines jeden Autofahrers ist, sich gewissenhaft akustisch bemerkbar zu machen. Und Warnsignale sind auch durchaus angebracht, wie man als Fahrgast bald zu schätzen weiß, wenn man erst den Fahrstil des Mannes (selten: der Frau) aus dem Süden kennengelernt hat. Man weiß dann auch sehr zu würdigen, dass diese alten Straßenkreuzer so viel Blech um sich herum haben...

Ein Taxi zu bekommen, ist denkbar einfach: Man tritt an den Straßenrand und streckt die Hand aus, oder einen Stock oder Regenschirm, und schaut dem Fahrer entschlossen ins Gesicht, der daraufhin, wenn er nicht schon einen Fahrgast hat, bereitwillig anhalten wird.

Dann steigt man hinten ein, jedenfalls in New York. Der Sitz neben dem Fahrer wird nur besetzt, wenn vier Personen auf einmal in ein Taxi einsteigen. Dies ist eine leider notwendig gewordene Sicherheitsmaßnahme der Taxifahrer.

Nicht vergessen, dem Taxifahrer ein gutes Trinkgeld zu geben! Er hat Anspruch auf 10 bis 20%, je nach Service, und man sollte großzügig sein, denn wahrscheinlich handelt es sich um einen armen Einwanderer, der versucht, sich und seine Familie durch Taxifahren über Wasser zu halten.

Wo übernachten? Hotels, Inns, Bed and Breakfast, Motels

Eindeutig die beste Quelle für günstige Motels und Hotels sind die schon erwähnten AAA-Reiseführer. Sie enthalten alle wichtigen Informationen: Adressen, Telefonnummern, Anfahrtspläne, aktuelle Zimmerpreise, Qualitätsmerkmale. Die Reisebeilagen der großen Tageszeitungen bieten ebenfalls nützliche Informationen und Anzeigen. Für die nördliche Ostküste zum Beispiel ist die Sonntagsausabe der *New York Times* zu empfehlen: Im Reiseteil findet man zahlreiche nach Orten gegliederte Anzeigen.

Auch wenn man kein AAA-Mitglied ist, empfiehlt es sich, an den Motels und Hotels auf das Gütesiegel *AAA-approved* zu achten. Es ist ein Hinweis auf ein gepflegtes Haus mit gutem Verhältnis von Preis zu Leistung. Ebenfalls garantierte Qualität bekommt man in den großen Hotelketten, die es für jeden Geldbeutel gibt, von Ritz-Carlton über Hilton, Marriott, Sheraton zu Best Western und schließlich Budget Inn.

Vorsicht vor Etablissements, die weder das AAA-Gütesiegel aufweisen noch zu einer Kette gehören! Bevor man hier übernachtet, sollte man sich unbedingt das Zimmer ansehen. Man lasse sich nicht durch prächtige Empfangshallen mit Kronleuchtern und Konzertflügeln täuschen! Die schützen nicht vor unerfreulichen Überraschungen wie Spinnen unter dem Bett oder zerschlissenen, leicht ranzig riechenden Bettdecken.

Alle Preise sind -wie üblich- Nettopreise. Die Steuern sind grundsätzlich nicht eingeschlossen, und die mit Steuerhoheit versehenen lokalen Politmafiosi kassieren bedenkenlos *room taxes* von 10 bis15 %. Das Frühstück kostet im allgemeinen extra - manchmal gibt es wenigstens ein *complimentary continental breakfast* (d.h., kostenloses), welches aus Brötchen, Marmelade und Kaffee besteht. Ein Parkplatz kann im Zimmerpreis enthalten sein, in Hotels in großen

Städten bezahlt man jedoch in der Regel dafür auch noch einmal zehn bis zwanzig Dollars pro Tag extra.

Anders als in verschiedenen europäischen Ländern werden die Hotelpreise hier je Zimmer berechnet und nicht je Person. Da Doppelzimmer kaum teurer sind als Einzelzimmer, kann man die Übernachtungskosten leicht halbieren, wenn man zu zweit im Doppelzimmer übernachtet.

Was im Preis eines Hotelzimmers inbegriffen ist

Kosten	*Inbegriffen*
Room Tax	Nie.
Frühstück	Selten.
Parkplatz	Manchmal (in sogenannten *Motels:* immer).

Wie so vieles in den USA, sind auch Zimmerpreise grundsätzlich verhandelbar. Da Hotelzimmer ein vergängliches Gut sind und es für ein nicht voll belegtes Hotel viel besser ist, weniger einzunehmen anstelle von gar nichts, kann man auf verschiedene Weisen versuchen, den Preis zu verringern:

- „Gibt es für mehrere Nächte einen Rabatt *(discount)*?"
- „Ich bin AAA-Mitglied, gibt es einen Preisnachlass?"
- „Ich bin Angestellter der Firma Soundso, gibt es eine *Corporate rate?*"

Wie eine Hand die andere wäscht in der Reisebranche: Große Hotelketten (Marriott, Sheraton, Hilton, Holiday Inn, etc.) bieten ebenfalls „Belohnungspunkte" für Stammgäste an, ähnlich den Vielfliegermeilen der Fluggesellschaften. Man muss aber einige tausend Dollars für Übernachtungen ausgeben, um ein Wochenende umsonst zu bekommen. Aber Fragen kostet ja nichts: Für professionelle „Spesenritter" und Kongresstouristen könnten sich solche Programme schon auszahlen: Denn für rund fünf (von der Firma) bezahlte Aufenthalte kann man schon ein- bis zweimal kostenlos übernachten (für private Zwecke)!

Die meisten großen Hotelketten arbeiten mit Fluglinien zusammen, um ihren Gästen zu ermöglichen, die Hotel-„Belohnungspunkte" in *frequent flyer*-Meilen umzutauschen. Verwirrt? Das glaub' ich schon, denn in Deutschland sind solche Verbrüderungen zwischen Firmen zum Zwecke gegenseitiger Geschäftsförderung noch verboten. Doch hierzulande bevorzugt Mr. John Incognito, beim lokalen Hotel der Kette *Cozyshack* zu übernachten, weil er im *frequent flyer*-Programm der Luftlinie *FlyHi* ist und ihm dort aufgrund eines Abkommens zwischen *Cozyshack* und *FlyHi* je Übernachtung 500 Meilen gutgeschrieben werden.

Kreditkartengesellschaften und Autoverleiher haben ähnliche Abkommen mit Fluggesellschaften. So könnte Mr. Incognito noch einmal 80 Meilen bekommen, wenn er mit seiner *Mistress*-Karte bezahlt, sowie weitere 200 Meilen, wenn er am nächsten Tag ein Auto bei *Sherz* leiht - und so geht's Meile um Meile dem heißersehnten Freiflug entgegen.

Solche gegenseitigen absatzfördernden Abkommen wirken fröhlich über Branchen hinweg: Neulich las ich von folgendem *deal* (Handel) zwischen der britischen Fluggesellschaft *Virgin Atlantic* und *Boxer Underwear:* Gegen den Kauf von fünf besonders ausgezeichneten Boxer-Unterhosen konnte man einen Begleiterflugschein nach London gratis ergattern!

Regeln für Hotelreservierungen: Einige wichtige Anmerkungen sind zum Thema Reservierungen nötig: Die großen Hotelketten haben zentrale 800er Nummern, über die man landesweit reservieren kann. Doch Vorsicht ist geboten: Oft sickert die Information nicht zum lokalen Hotel durch! Daher auf jeden Fall die Reservierung per Telefax bestätigen lassen. Besser noch: Man lässt sich die Nummer des lokalen Hotels geben und bittet dort um Bestätigung.

Reservierungen sind grundsätzlich verbindlich. Das heißt, dass man, wenn man sich anders entscheidet, vorher telefonisch absagen muss. Die meisten Hotels fordern eine Frist von mindestens 72 Stunden vorher; es hilft, sich nach der *cancellation policy* (Absagevorschriften) zu erkunden. Wenn man die Absagefrist nicht einhält, ist das Hotel berechtigt, einen Teil des Zimmerpreises zu berechnen. Aus diesem Grund wird das Hotel bei telefonischer Reservierung immer nach der Kreditkartennummer fragen - um etwas berechnen zu können, wenn man die Buchung nicht einhält.

Reisen in die Nachbarländer Mexiko und Kanada

Obschon die USA eine kaum vorstellbare Landmasse einnehmen, gerät man schneller über die Grenze als man denkt: Besucher der Niagara-Fälle sollten bedenken, dass die beeindruckenden Wasserfälle am besten von der kanadischen Seite her aussehen. Urlauber in Südkalifornien werden bestimmt San Diego besuchen wollen, und wenn man schon dort ist, dann wird man auch nach Tijuana ansehen wollen, San Diegos „Schwesterstadt" auf der mexikanischen Seite der Grenze.

Mexiko: Ein Reissepass ist nötig. Bei der amerikanischen Passkontrolle sollte man sich vergewissern, dass man alle Papiere dabei hat, um wieder in die USA zurückkehren zu können! Wenn man vorhat, mit amerikanischen Freunden die Grenze zu übertreten, versichere man sich vorsichtshalber, dass jene im Besitz geeigneter Reisedokumente sind - Man muss nämlich wissen, dass viele US-Amerikaner nie außer Landes gewesen sind und wahrscheinlich keinen Reisepass besitzen.

Da das mexikanische Grenzgebiet praktisch vom Tourismus und der Wirtschaft seines reichen nördlichen Nachbarn lebt, werden US-Dollars gerne angenommen, und Englisch wird überall gesprochen.

Die Trinkgeldregeln entsprechen genau denen in den USA. **Probleme** kann es geben, wenn man **mit einem Leihauto nach Mexiko** einreisen will: Die meisten Autoverleihfirmen gestatten das nicht, **wegen des höheren Diebstahlrisikos** in Mexiko. Von San Diego aus verursacht das jedoch keine Schwierigkeiten: Man fährt mit Auto oder Bus an die Grenze auf einen großen Parkplatz und geht zu Fuß hinüber nach Tijuana.

Kanada: Ein Reisepass ist ebenfalls nötig; das Visum wird an der Grenze ohne Probleme eingestempelt. Wie in Mexiko, so werden auch hier U.S.-Dollars im Grenzgebiet akzeptiert, jedoch erhält man einen ungünstigen Kurs und das Wechselgeld besteht aus kanadischen (!) Dollars.

Es gelten dieselben Trinkgeldregeln wie in den USA. Man sollte wissen, dass in Kanada eine erhebliche Mehrwertsteuer berechnet wird (mindestens 15%), die, anders als in Deutschland, nicht überall in den Preisen eingeschlossen ist!

"When in Rome, do as the Romans do." (Am. Sprichwort)

12. Über den Umgang mit Amerikanern

Erinnern Sie sich noch an den Fall Rodney King, damals im Jahre 1992? Weiße Polizisten, die einen Schwarzen fast zum Krüppel geprügelt hatten, waren von einer weißen Jury freigesprochen worden, trotz handfesten Beweismaterials in Form eines Amateurvideos. Die Antwort der schwarzen Gemeinde in Los Angeles: Tagelange Krawalle mit Brandstiftung und Plünderungen. Das Sonderbare daran war, dass die am meisten betroffene Gruppe nicht Weiße waren, sondern Koreaner!

Man muss dazu wissen, dass in Los Angeles eine bedeutende koreanische Einwanderergemeinde lebt. Doch warum waren gerade die Koreaner von den Krawallen so stark betroffen? Nach der üblichen Theorie sind die zumeist verarmten, chancen- und erfolglosen Schwarzen einfach neidisch auf eine Einwanderergruppe, der es sichtbar gelingt, sich innerhalb einer Generation einen Wohlstand zu erarbeiten, von dem sie, die Schwarzen, die doch Kinder des Landes sind und deren Urgroßeltern schon hier geboren wurden, immer noch weitgehend ausgeschlossen sind.

Jahre nach diesen Ereignissen wurde in einer großen Tageszeitung eine andere Theorie diskutiert: Koreaner sind unbeliebt, nicht nur bei Schwarzen, sondern allgemein. Warum? Weil sie unfreundlich sind, weil sie nie lächeln und den Kunden erst begrüßen, wenn das Geld in der Kasse klingelt! Und als es dann, im Zusammenhang mit dem Fall Rodney King, zu explosiven Rassenspannungen kam, entluden sie sich auf diese kleinen, miesen Geschaftlhuber. Erstaunlicherweise stammt diese Erklärung von den Koreanern selbst: Eine koreanische Selbsthilfegruppe hat untersucht, wie Unterschiede zwischen Kulturen bei erlernten Verhaltensweisen für das schwere Missgeschick mitverantwortlich waren: Zum Beispiel wird es in Korea als vollkommen unangebracht und stillos angesehen, einen Fremden anzulächeln. In den USA wird es in zahllosen Situationen als völlig unfreundlich und feindselig angesehen, einen Fremden nicht anzulächeln!

Dieses Beispiel zeigt, dass bloß erlernte, kulturkennzeichnende Verhaltensmuster zu tiefen Missverständnissen und sogar Gewalttätigkeiten führen können. Deshalb ist es so wichtig, die wesentlichen Unterschiede zwischen eigener und fremder Kultur zu erkennen und nach den Regeln der Kultur des Gastlandes zu handeln: *When in Rome, do as the Romans do.* Die besagte koreanische Selbsthilfegruppe veranstaltet nun Seminare, in denen die koreanischen Ladenbesitzer lernen, auch fremde Gesichter anzulächeln und nur flüchtig bekannte Kunden mit einem hemdsärmeligen *Hey Buddy, how're doing?* zu begrüßen.

Europa ist nicht Korea, aber was Kontaktbereitschaft angeht, scheinen wir irgendwo zwischen USA und Korea zu liegen. Daher wohl kommen uns beide Extreme - das amerikanische sowie das koreanische - reichlich exotisch vor. Die Koreaner sehen ja wenigstens exotisch aus, daher sind wir auf Überraschungen vorbereitet. Doch die meisten US-Bürger sehen aus wie wir, und dennoch zeigen sie zum Teil recht „exotische" Verhaltensweisen; sie sind das Verwirrende.

US-Amerikaner erscheinen Europäern oft als oberflächlich und „falsch-freundlich". Europäer, auf der anderen Seite, erscheinen Amerikanern oft als *blunt,* was ungefähr heißt: stumpf, grob, wenig einfühlsam, schroff und zu direkt.

Natürlich ist das alles ebensowenig wahr wie die Unfreundlichkeit der Koreaner. Es handelt sich vielmehr um Vorurteile, genährt von gegenseitiger Unkenntnis der sozialen Rituale und von dem, was üblich ist im sozialen Verhalten im jeweils anderen Land. Es ist daher wichtig zu wissen, was im Herkunftsland des Anderen Brauch ist, denn nur vor dem Hintergrund dieses Maßstabs kann man das Verhalten einer Person gerecht beurteilen. Zwei Beispiele: Wenn ein Deutscher seinen amerikanischen Gastgebern ausfürlich erklärt, was ihm alles nicht gefällt an den USA, dann wird das diesen ausgesprochen grob erscheinen, denn sie wissen vermutlich nicht, dass eine kritische Haltung zu vielem in Deutschland nichts Ungewöhnliches ist und oft sogar geschätzt wird. Umgekehrt kann ein Amerikaner nicht wissen, wie sehr er einen Deutschen brüskieren kann, wenn er einfach aus Sympathie eine Einladung ausspricht, ohne sie wirklich zu meinen. Doch dazu später mehr.

Und das sind nur ein paar von mehreren Unterschieden, deren man sich bewusst sein muss, um überflüssige und möglicherweise schmerzliche Missverständnisse zu vermeiden. Der grundlegende Unterschied besteht im sozialen Abstand zu fremden oder wenig vertrauten Personen, der in den städtischen, dicht bevölkerten europäischen Ländern viel größer ist als in den überwiegend immer noch ländlichen Vereinigten Staaten. Es kann hier eben geschehen, dass ein wildfremder Mensch im Vorbeigehen zu Ihnen sagt:

I like your sweater („Sie haben aber einen schönen Pullover."), was keinesfalls einen hilflosen Kontaktversuch darstellt, sondern einfach eine naive, allgemeine Freundlichkeit.

Diese Freundlichkeit zu wildfremden Personen kommt wohl den meisten Europäern leicht stil- und respektlos vor. Zum Beispiel wollen sie in einem der besten Restaurants der Stadt nicht unbedingt die Partnerschaftsprobleme des Kellners diskutieren. Andererseits hat diese mangelnde Zurückhaltung etwas tief Naives, Kindliches in sich, die einen sehr berühren kann. Eine Amerikanerin hat mir einmal erzählt, wie sie als Kind jeden Menschen, den sie sah, grüßen wollte, und wie traurig sie wurde, als sie einsehen musste, dass es einfach nicht möglich war. Ein bisschen hat sie sich - wie viele ihrer Mitbürger - diesen kindlichen Zug bewahrt.

Floskeln, Gruß- und Abschiedsformeln

Der übliche Gruß in den USA ist *How are you doing?* und nie „How do you do? wie in Britannien. Als Antwort darauf wird erwartet: „Fine, how are YOU?" - unabhängig davon, wie es einem wirklich geht. Schließlich ist die Redensart *How are you doing?* lediglich eine Grußformel und nicht wirklich als Frage gemeint.

Die höflichste Methode, Unbekannte anzusprechen, ist *„Ma'am"* [Mäm] für Frauen und *„Sir"* [Sör] für Männer. Für „Frau" in „Frau Soundso" sagt man [Mis], mit weichem s] für alle Frauen und schreibt *„Ms"*. Die älteren Formen lauten *„Mrs."* [Misses] für verheiratete Frauen und *„Miss"* [Misz mit scharfem s] für ledige.

Zum Abschied sagt man *Bye* oder *Bye, Bye,* wie in Britannien. Amerikanischer ist schon *see you later,* und es verwirrt mich immer noch, das von der Kassiererin im Supermarkt zu hören, die ich noch nie vorher gesehen habe. Es ist nur eine Abschiedsformel , nicht wörtlich zu nehmen! Typisch amerikanisch sind auch die schönen, Wärme ausstrahlenden Formeln *Take care* („Pass auf Dich auf") und *Take it easy* (etwa „Nimm's leicht").

Wenn man sich zum ersten Mal von jemandem verabschiedet, dem man gerade vorgestellt worden ist, muss man sagen: *It was nice meeting you.* Diese Abschiedsformel ist wahrscheinlich üblicher und wichtiger als die etwas förmlich klingende deutsche Entsprechung: „Es hat mich gefreut, Sie kennenzulernen." Die Antwort darauf ist *My pleasure* („Ganz meinerseits") oder auf britisches Englisch: *The pleasure was mine.*

Bei Tisch verhält es sich umgekehrt: Während man in Deutschland (und Frankreich und Spanien und Italien ....) sich guten Appetit wünschen muss, fängt man hier zu essen an, ohne etwas zu sagen - die einzige Geste der Höflichkeit ist zu warten, bis jeder sein Essen serviert bekommen hat.

Wenn man als höflicher Deutscher unbedingt etwas sagen muss, dann sollte das die französische Form „Bon Appétit" sein, aber um Himmels willen nicht Good Appetite!

Wenig förmlich sind auch Rückfragen, wenn man etwas nicht verstanden hat: Die üblichste Form ist *Excuse me?* Statt des britisch-umständlichen „I beg your pardon" genügt *Pardon me?, Pardon?, What's that?* oder einfach *What?,* was hier ebensowenig als unhöflich empfunden wird wie „Was?" in der Schweiz.

Wenn selbst in verschiedenen Regionen desselben Sprachraumes die Gebräuche so verschieden sind, dass es hierüber zu Missverständnissen kommt, wie viel mehr sollte man in anderen Ländern darauf gefasst sein! Manche Amerikaner sagen auch *Say it again* oder einfach *Huh* („Häh?"), wenn sie einen nicht verstehen, und das sollte ebensowenig als rüde oder unhöflich empfunden werden - diese „Formeln" sind eben gang und gäbe hier.

Zum Dank sagt man *Thank you, Thanks, Thanks a lot,* und die Antwort darauf ist immer *You are welcome.*

Über die USA nur Gutes

Die naive Vaterlandsliebe, die viele US-Bürger so unverhüllt zur Schau stellen, ist gerade für Deutsche sehr schwer zu verstehen. Zunächst fallen die zahlreichen *Stars-and-Stripes*-Fahnen ins Auge, die scheinbar unschuldig von den Dächern und in den Gärten von Privathäusern wehen. Doch man merkt bald, wie schnell es mit der Freundlichkeit der Leute vorbei ist, wenn man nur eine kleine, harmlose kritische Bemerkung über irgendetwas macht, das mit dem Vaterland in Verbindung gebracht werden kann. Selbst ein Kommentar über etwas so Unwichtiges wie die geringere Größe US-amerikanischer Badewannen kann den Nationalstolz schon schwer verletzen. Wenn man sich nicht unnötig Sympathien verscherzen will, muss man sich regelrecht darin üben, über die USA nur Gutes zu sagen.

Wir Deutsche sind etwas erschrocken über diese Art von Patriotismus, der doch so schnell zu Nationalismus verkommen kann. Einige Bemerkungen scheinen mir daher angebracht, um einem allzu harten Urteil über diese US-amerikanische Form des Patriotismus zuvorzukommen:

- Die USA sind keine Nation im europäischen Sinn. Der Patriotismus ist eine Art Bindeglied, um die verschiedenen Gruppen im so ungleichartigen amerikanischen Mosaik zusammenzuhalten. So gesehen, leistet der Patriotismus etwas Gutes und eine Überspitzung bis zu echtem Nationalismus ist wenig wahrscheinlich.

- Die amerikanische Form der Krankheit „Nationalismus" ist relativ gutartig im Vergleich zur europäischen Version: In Europa fangen die Opfer dieser Krankheit an, Bürger anderer Nationen zu hassen. Dagegen fühlt ein US-amerikanischer Patriot eher so etwas wie Mitleid für Nicht-Amerikaner, weil diese Unglücklichen leider nicht das Privileg haben, in den USA geboren zu sein.

- Die Unfähigkeit, Kritik von Fremden zu akzeptieren, hat noch eine andere Wurzel, die nicht so eng mit Patriotismus verbunden ist: nämlich eine ehrlich gemeinte und tief empfundene Gastfreundschaft. Die USA sind das Gastland, und gastfreundlich wie sie nun einmal sind, fühlen sich alle US-Bürger ein bisschen als Gastgeber gegenüber den Touristen oder Geschäftsreisenden aus aller Welt. Viele wissen selbst und würden ohne weiteres zugeben, dass ihr Land Probleme hat. Aber das muss intern diskutiert werden, in der Familie sozusagen, und intern finden solche Diskussionen ja auch statt, wie man in den großen Zeitungen leicht feststellen kann. Von Gästen jedoch will man nicht auf schmutzige Wäsche hingewiesen werden. Denn was ist unhöflicher als schäbige Bemerkungen über das Wohnzimmer des Gastgebers dem Gastgeber ins Gesicht gesagt? Die folgenden Regeln im Umgang mit Amerikanern muss man vor diesem Hintergrund sehen. Obwohl nicht todernst gemeint, beruht jede einzelne auf wiederholten persönlichen Erfahrungen.

Zehn goldene Umgangsregeln

1. Wundere Dich nicht über Wildfremde, die Dich begrüßen wie einen alten Freund. Lächle, grüße ebenso zurück und gehe weiter.

2. Wenn Dir jemand seine Telefonnummer gibt und Dir sagt, Du solltest ihn anrufen, sage „danke" und tu' es nicht. Er meinte es nicht tatsächlich. Er wollte Dir nur zeigen, dass er Dich mag.

Wenn Dich jemand in sein Haus einlädt, allerdings keine genauen Zeit- und Ortsangaben macht, dann stelle keine Fragen. Es ist keine wirkliche Einladung. Er wollte Dir nur zeigen, dass er Dich mag.

Wenn Dir jemand sagt „Wir sollten 'mal zusammen essen gehen", dann gib genau die folgende Antwort: *Yes, that would be nice.* Auf keinen Fall zücke den Terminkalender und rufe, „Gute Idee - wann?", denn der Vorschlag war nicht wörtlich gemeint. Er wollte Dir nur zeigen, dass er Dich mag.

3. Sei nicht beleidigt, wenn ein US-Amerikaner Bemerkungen über Deinen Akzent macht. Diese Bemerkungen sind nie als Kritik an Deinem Englisch gemeint! Normalerweise hat ein Amerikaner nie ernsthaft versucht, eine andere Sprache zu lernen, daher kann er nicht wissen, dass Du Dich damit abmühst, eben keinen Akzent zu haben. Gerade wenn Dein Englisch ziemlich gut ist, wirst Du solche Bemerkungen bekommen! Denn dann wird einem Amerikaner Dein deutscher, österreichischer oder schweizer Akzent ebenso natürlich erscheinen wie zum Beispiel ein britischer Akzent, und er sagt *You have an accent - where are you from?* nur, weil er neugierig ist und Dich kennenlernen möchte.

4. Sei nicht beleidigt, wenn Dich jemand ein wenig hänselt wegen eines Fehlers, den Du gemacht hast, einer Ungeschicklichkeit, oder sogar wegen einer körperlichen Eigenschaft. Dem Anschein zuwider ist dies ein gutes Zeichen: Es handelt sich um ein beliebtes soziales Spiel, *Teasing* (Hänseln) genannt, und man spielt es wirklich nur mit Leuten, mit denen man so vertraut ist, dass sie es nicht missverstehen.

Wenn Dich jemand hänselt, dann heißt das also, dass er Dich wirklich als Freund betrachtet, und Du solltest es als Kompliment verstehen. Eine witzige Antwort auf eine Hänselei wird nicht erwartet. Lächle einfach und schweige.

5. Sei lässig, nicht förmlich. Gib nicht jedem gleich die Hand, Händeschütteln ist hier viel unüblicher als bei uns, insbesondere zwischen den Geschlechtern. (Als Mann: Schüttle dem Gastgeber die Hand und gib seiner Frau die Blumen.) Vermeide es auch, jemanden als *Mister* oder *Miss* anzusprechen, das klingt hölzern und steif.

Außerdem musst Du Dir bei dieser Anrede sicher sein, dass die betreffende Person nicht den akademischen Grad des Doktors hat, in welchem Fall die förmliche Anrede unbedingt „Dr." zu sein hat. Vermeide es ebenfalls, Dich selbst als „Mister", „Miss" oder gar „Dr." vorzustellen. Das tun hier allein Japaner. Am besten ist es, sich möglichst schnell mit dem Vornamen anzusprechen, und das geschieht, indem man sich mit dem Vornamen vorstellt.

6. Sobald jemand, den Du nur flüchtig kennst, Dich fragt, wie es Dir gehe, dann belästige ihn nicht unbedingt mit der ganzen Wahrheit. Lächle einfach und sage: „*Fine, thank you, how are YOU doing?*".

7. Verletze nie die patriotischen Gefühle Deiner Gastgeber! Wenn Dich jemand fragen sollte, wie es Dir in den USA gefalle: Sag' immer nur das Gute, ohne Wenn und Aber! In Europa mag man am kritischen Blick interessiert sein. Doch hier ist nur das Gute gefragt, und warum sollte man sich nicht auf das Gute konzentrieren, das ja immer auch existiert?

8. Sprich auf Parties und Dinners kein emotional aufgeladenes Thema an; insbesondere, vermeide Rassismus, Militarismus, Kommunismus und Drogen. Selbst wenn Dein Sitznachbar ebenfalls Ausländer ist und vielleicht gegen die Langweile eine kleine Debatte begrüßen würde, starte keine Diskussionen über Politik oder ähnliches. Debatten hören sich für US-Amerikaner leicht wie Streit an. Bedenke: Sie benutzen dasselbe Wort für „streiten" und „argumentieren" *(to argue),* für „Streit" und „Argument" *(argument).*

9. Glaube ihnen nicht alles, was sie Dir erzählen, aber lass sie glauben, Du glaubtest. Viele hier sind großartige Geschichtenerzähler, und für eine gute Story ist es in den USA immer gerechtfertigt, ein bisschen Wahrheit zu opfern.

10. *Last but not least:* Suche nicht zu sehr nach Unterschieden zwischen „den Amerikanern" und „den Europäern". Denn es gibt viel mehr Gemeinsamkeiten: Die Unterschiede werden nur durch verschiedene soziale Regeln verursacht; im Wesentlichen sind wir alle gleich, denn wir sind alle menschliche Wesen mit ähnlichen Problemen, Träumen und Zielen.

13. Anmerkungen zum amerikanischen Sprachgebrauch

Auch wer in der Schule immer gut aufgepasst hat und ein guter Englischschüler war, erlebt im wirklichen Leben so manche Überraschung. Sogar versierte Geschäftsleute, die Englisch fast täglich als Lingua Franca (Verkehrssprache) zur Kommunikation mit Ausländern benutzen, sind nicht dagegen gefeit. Der Grund: Zum einen ist Sprache etwas Lebendiges und ständigen Veränderungen unterworfen, und das gilt nicht in gleichem Maße für Schulbücher oder das vertraute, eintönige Geschäfts- oder Fachenglisch. Zweitens vernachlässigt der Englischunterricht an deutschen Schulen meistens den einzigen wirklich schwierigen Aspekt der Sprache: die korrekte Aussprache. Und schließlich gibt es einige Abweichungen im amerikanischen Englisch von der britischen Version, die in unseren Schulen immer noch die Norm ist.

Zur Aussprache des Englischen

Die schlechte Nachricht gleich vorneweg: Selbst wenn man sehr gut Englisch spricht - den deutschen Akzent verliert man nicht. Ich kenne viele Deutsche, die hier 20, 30 Jahre gelebt haben und die man trotzdem noch mühelos an ihrem Zungenschlag erkennen kann. Manche Stammesbrüder meinen ja, die deutsche Zunge habe eine besondere Zuneigung zur englischen Sprache, wegen der alten germanischen Verwandtschaft. Diese Ansicht ist leider falsch: Der deutsche Mund ist ebenso eigenwillig geformt wie der französische oder spanische, und man wird überall nach den ersten Lautäußerungen sofort und zielsicher als Deutscher erkannt. Jetzt kommt die gute Nachricht: Ein Akzent im allgemeinen und ein deutscher Akzent im speziellen, hat seine Vorteile. Ein Akzent klingt weltmännisch, weitgereist und lässt einen interessanten Gesprächspartner erwarten. Ein Akzent kann aufregend männlich sein! Berühmte Filmhaudegen wie Schwarzenegger, van Damme oder Bruce Lee lässt man auf der Leinwand mit ihrem natürlichen Akzent sprechen - das klingt anscheinend aufregend exotisch, und eine Filmkritikerin im „Wallstreet Journal” stellte kürzlich verwundert fest: Je stärker der Akzent, desto härter die Faust. Ohne Zweifel kann ein Akzent sexy sein: In der Filmkomödie *„My father, the hero”* beobachten zwei neidische Amerikaner, wie sich der französische Filmschauspieler Gerard Depardieu (vermeintlich) an eine blutjunge Schönheit heranmacht. „Was hat der nur”, fragt der eine, „das wir nicht haben?” - „Es ist der Akzent”, entgegnet der andere, „Ich sag's dir, der Akzent!”

Ein deutscher Akzent ist erst recht nicht schlecht, denn die Amerikaner sind grundsätzlich deutschfreundlich, was seinen Grund in der Deutschstämmigkeit vieler Amerikaner haben mag. Der zweite Weltkrieg, mit dem Deutschland seine friedfertigen europäischen Nachbarn willkürlich überzog, hat die Amerikaner doch weit weniger direkt betroffen, so dass die antideutsche Einstellung nach dem Krieg hier viel kurzlebiger war als in Europa.

Ein deutscher Akzent ist wahrscheinlich besser als ein französischer oder britischer: Viele Amerikaner sind nicht gerade frankreichfreundlich, und was die alten Kolonialherren aus England angeht, kommt man nicht umhin zu bemerken, dass ihr Akzent in Filmen für die perversesten Bösewichter herhalten muss. Man denke nur an den Familienschlächter in *„Shining”* (ich spreche nicht von Jack Nicholson, sondern von dem Briten, den er an der Hotelbar trifft), den frauenmordenden Transvestiten in „Dressed to Kill”, oder gar an den unsäglichen frauenfressenden Hannibal in „Silence of the Lambs”! Kann man das noch übertreffen? Man kann, wie ich letztlich auf dem Bildschirm miterleben musste: Ein verwöhntes Millionärssöhnchen, blond und Chirurg, zähmt seine Widerspenstige, indem er ihr nach einem Verkehrsunfall die Beine amputiert. Als auch das nichts hilft, nimmt er der Bedauernswerten zusätzlich die Arme ab, so dass sie aussieht wie die abgebrochene klassische Figur auf seinem Flügel. Aber dieser „Perversling" war ganz und gar europäisch verkorkst: Der hatte nicht nur einen britischen Akzent, sondern schlürfte auch noch Cognac am Kamin und hörte sich obendrein unter offensichtlichem Genuss Opern an! So eine Bestie!

Akzent hin, Akzent her: Wichtig ist, verstanden zu werden. Und zu diesem Zweck sollte man versuchen, sich mit den eigenen Lautäußerungen hinreichend den Eigenarten der englischen Sprache anzunähern. Insbesondere das System der Selbstlaute (Vokale) ist zu beachten: In vielen Sprachen (Französisch, Italienisch, Spanisch, Deutsch ...) baut das Vokalsystem auf den klaren Lauten a - e - i - o - u auf.

Doch die englische Sprache, so vertraut sie uns auch erscheinen mag, hat ein sehr exotisches Vokalsystem, in dem wesentliche Unterscheidungen nicht mit diesen Kategorien übreinstimmen. Man beachte nur den Gegensatz zwischen *lough* und *love:*

Diese Wörter, korrekt ausgesprochen, klingen sehr verschieden! Das „a" in *lough* ist zwischen dem deutschen „a" und „ä" zu platzieren und das „a" in *love* zwischen „a" und „o", etwa wie ein dunkles bayrisches „a". Ein anderer sehr häufiger Vokal lässt sich ebenfalls nicht in dieses einfache a - e - i - o - u - System einordnen: Der Vokal in *but* ist ebenfalls kein einfaches, reines „a", sondern fristet irgendwo zwischen „a" und „ö" ein dumpfes Leben.

Auch das System der Mitlaute (Konsonanten) ist um einiges umfassender als das der deutschen Sprache. Zum einen ist da das berüchtigte „th", mit dem fast jeder deutsche Englischschüler sadistisch gequält worden ist. Traurig zu sagen, dass viele Deutsche es immer noch nicht können. Der Trick liegt in der Übertreibung: Man muss die Zunge wirklich so weit zwischen die Zähne schieben, dass sie sichtbar wird! Wer's nicht glaubt, der sehe sich einen beliebigen englischen oder amerikanischen Film mit abgestelltem Ton an: Man kann SEHEN, dass es sich um eine im Original englischsprachige Produktion handelt. Doch damit nicht genug: Es gibt darüber hinaus diesen ständigen Wechsel zwischen stimmlosen (d.h., hart auszusprechenden) und stimmhaften (weich auszusprechenden) Mitlauten, wobei letztere so summen müssen, dass es im Kiefer kitzelt. Im Deutschen spielen solche Details keine Rolle, wir leisten uns bei der Aussprache eine gewisse Nachlässigkeit. Ist das „s” in „Sonne” stimmlos oder stimmhaft?

Ein Österreicher wird es stimmlos aussprechen, ein Deutscher aus Hamburg stimmhaft - wie dem auch sei, verstanden wird man im ganzen deutschen Sprachraum. Im Englischen (auch im Französischen) kann der Unterschied zwischen stimmlos und stimmhaft die Bedeutung eines Wortes ausmachen: *zip* mit stimmhaftem „s” bedeutet etwas anderes (nämlich „einen Reißverschluss hochziehen”) als *sip* mit stimmlosem („ein Getränk schlürfen”).

Die Briten sprechen den Buchstaben „z” [*set*] aus - mit stimmhaftem „s” und das klingt anders als das Wort „set” mit stimmlosem. Im Amerikanischen wird's noch verwirrender: Hier sagt man zum Buchstaben „z”: *sie* - mit stimmhaftem „s”, was sich von der Aussprache für „c”: *ssi* - mit stimmlosem „ss” für deutsche Ohren eigentlich nicht unterscheidet.

Denselben Unterschied hat man bei dem stimmhaften „J” in Jazz und dem stimmlosen „ch” in *chest.* Tatsächlich muss sich nicht nur die deutsche Zunge, sondern auch das deutsche Ohr an solche Feinheiten erst gewöhnen. Als ich in die „Staaten” kam, habe ich mich gewundert, so oft das Wort *German* im Radio zu hören. Tatsächlich war vom *Chairman* (Vorsitzender) die Rede.

Verstaubte Vokabeln

Von der Schule her schleppt man vermutlich einige reichlich altertümliche Ausdrucksweisen mit sich herum, denn „Nicht für das Leben, sondern für die Schule lernen wir.". Die folgende Tabelle versucht, krasse „Wortdinosaurier" durch zeitgemäße Vertreter zu ersetzen.

Verstaubte Schulenglisch-Wörter und ihre Entsprechungen im modernen amerikanischen Englisch

Schulenglisch	*Amerikanisches Englisch*	*Anmerkung*
boy	*guy* [gai]	*boy* sagt man wirklich nur zu einem kleinen Jungen.
lady	*woman*	Mit *lady* kann man sich die Verachtung emanzipierter Frauen zuziehen.
Mrs. ***Miss***	*Ms.*	*Miss* (mit scharfem „s") kennzeichnete eine Frau als ledig; das ist ebenso veraltet wie „Fräulein". *„Ms".* („Mis" mit weichem „s") ist dagegen neutral.
teacher	*professor*	*teacher* ist eher emotional anerkennend („Lehrmeister").
pupil	*student*	*pupil* ist völlig veraltet.
learn	*study*	*learn* ist eher Lernen aus Erfahrung; Lernen unter geistiger Anstrengung heißt immer *study.*

Die Wortinflation geht um

Keine Angst vor einer deutlichen, starken Sprache! Ganz im Gegensatz zu ihren unterkühlten britischen Vettern, lieben die US-Amerikaner eine „gepfefferte" Ausdrucksweise. Es scheint, dass hier die Sprache der Werbeleute ganz in den Alltag eingedrungen ist, so werden hier nämlich ganz gewöhnliche Vorgänge mit knalligen Adjektiven aufgeputscht. Das klingt dann etwa so:

Gestern abend waren wir in einem prachtvollen *(gorgeous)* Restaurant, das Essen war sagenhaft *(fabulous),* die Inneneinrichtung war spektalulär *(spectacular),* und die Aussicht auf die City von New York gar dramatisch *(dramatic).* Meine Begleiterin war eine der reizendsten *(most exciting)* Frauen Manhattans, gestern sah sie furchtbar gut aus *(she looked terrific).* Die Rechnung war allerdings skandalös *(outrageous),* der Betrag überstieg sowohl meine Barmittel als auch meinen Kredit bei weitem; so musste ich die Dame um eine Anleihe bitten - Ihr Blick war demzufolge niederschmetternd *(devastating),* und der Rest des Abends eigentlich eine Katastrophe *(a disaster).*

Noch ein Beispiel: Die Verwaltung des Hauses, in dem ich lebe, teilte den Mietern schriftlich mit, dass in den nächsten Wochen neue Fenster mit Isolierglas installiert würden. Der „Vizepräsident" schrieb unter anderem: „Ich hoffe, Sie teilen meine Begeisterung bezüglich dieser aufregenden Veränderung in unserer Mietgemeinde.".

Wo jeder übertreibt, da muss man sich anpassen, könnte man meinen, sonst wird man leicht falsch verstanden: Wo alles Gute exzellent ist, da hat das Wörtchen „gut" gerade noch soviel Saft und Kraft wie die blasse Note „befriedigend". Wenn der Kellner fragt, wie es geschmeckt hat, darf man daher nicht *„o.k."* antworten, wenn es *„o.k".* war: *„o.k."* hört sich hier an wie „gerade noch befriedigend". Was sagt man aber dann, wenn etwas wirklich exzellent war? Was bleibt für die wirklich atemberaubende Aussicht? Und was ist das Wort *love* mehr als ein *four letter word* (Wort aus vier Buchstaben), wenn man, natürlich, seine Frau oder seinen Ehemann liebt und ebenfalls seine Eltern, seine Geschwister, seine Oma, aber auch seine Schwägerin, seine Kollegen, ja sogar seinen Hund, sein Haus, die Arbeit, das Auto und selbst seine Lieblings-TV-Show?

In diesem Land geht die Wortinflation um und sie macht nicht Halt vor den süßen, heimlichen Koseworten, die sich Liebende gegenseitig ins Ohr flüstern: Wer heute *„cool"* und lässig ist, nennt den Mann an der Bushaltestelle „locker" *Darling* und sagt *Hon* statt *Honey* („Honig") zu allen näheren und ferneren Bekannten.

Die Werbefritzen und ihre Auftraggeber, die das alles zu verantworten haben, lassen sich dadurch nicht in Verlegenheit bringen: Die schaffen es tatsächlich immer, auf ein *Super* noch ein *Hyper* draufzusetzen.

Im Möbelladen um die Ecke gibts Kopfkissen im Sonderangebot: *„Classic Standard"* für fünf Dollars, *„Premier Standard"* für sieben, und ob man es glaubt oder nicht, *„Ultimate Standard"* für einen schlappen 10-Dollar-Schein. 'Mal im Ernst: Wer kauft heute noch „Normalqualität"? „Klassisch" für's Gewohnte zu sagen, hört sich da schon ganz anders an.

Kein schlechter Versuch bei einfachen Kopfkissen, jedoch verblasst er im Vergleich zum Fotografen um die Ecke, der sich bei seinen Verkaufsanstrengungen als wildes Sprachgenie entpuppt: Er verkauft *„Portrait Packages"* vom bescheidenen *„Basic Portrait Package"* für $ 39.95 (save $ 39.85!) und steigert sich sodann lustvoll über *Deluxe, Premier, Supreme, Master, Gold Portrait Package* bis zum zügellosen *„Grand President Portrait Package"* für nur $ 334.95 (save $ 199.16!!).

In Kürz liegt Würz

Der stärkste Trend in der zeitgenössischen amerikanischen Sprache ist der Trend zur Einsilbigkeit: Wo immer eine Silbe klar genug erscheint, warum dann die Zunge mit Überflüssigem belasten? Wieso, zum Beispiel, *neighbourhood* sagen, wenn *hood* genauso gut verstanden wird? Andere verkürzende Wortschöpfungen sind *hype* von *hypocrisy* (Heuchelei), *veg* von *vegetate* (dahinvegetieren), *burb* von *Suburb* (Vorstadt), *Hon* von *Honey* (Schatz, Liebling) und ähnlich einsilbiges Gestammel. Bei all jenen Menschen, die nach Sprachreinheit streben, löst das zwar kalte Schauer aus, doch solche Menschen sind hier eine eher seltene Gattung.

Am stärksten macht sich dieser Trend zur Einsilbigkeit bei Eigennamen bemerkbar: Wer Bert, Paul oder Frank heißt, hat schon einen kurzen Namen und braucht ihn nicht zu verstümmeln. Träger eines längeren Namens tun allerdings gut daran, sich bald einen amerikanischen Kurznamen zuzulegen. Wer Peter, Michael, Markus, Christian, Herbert, Richard, oder Walther heißt, der lasse sich zwanglos *Pete, Mike, Mark, Chris, Herb, Rich* oder *Walt* nennen.

Für Harald, Anton und Wilhelm stehen zweisilbige Kosenamen zur Verfügung, in denen die zweite Silbe offenbar immer ein verniedlichendes „y" zu sein hat: *Harry, Tony, Willy.* Wer hingegen Wolfgang, Uwe, Lothar, oder gar Jürgen heißt, der hat es schwer, denn exotische Namen richtig auszusprechen und später auch noch zu erinnern, finden Amerikaner reichlich viel verlangt. Das gilt insbesondere für Männernamen; Frauen dürfen ein bisschen mehr Aufmerksamkeit erwarten.

Viele dieser verstümmelten Namen haben sogar ihr Geschlecht verloren: *„Chris"* zum Beispiel kann deshalb für Christian oder Christine stehen, und *Jerry, Tony, Terry* (Jeremias, Anton, Terrence) unterscheiden sich nur in der Schreibweise von *Gerri, Toni, Terri* (Geraldine, Antonia, Theresa). Dieser kleine Unterschied ist allerdings ernst zu nehmen - hat mich doch einmal ein Tony beleidigt zurechtgewiesen, als ich ihn schriftlich mit Toni ansprach.

US-Amerikaner mögen ja so manche importierte Sitte von Einwanderungsgruppen tolerieren, doch ihre Bereitschaft, sich mit schwer auszusprechenden fremdländischen Eigennamen abzuquälen, hat recht deutliche Grenzen. Hier wird eine gewisse Anpassungsbereitschaft erwartet. Daher nehmen viele der gewitzten, integrationshungrigen Chinesen gleich englische Vornamen an.

Nur die schwarzen Mitbürger machen nicht mit: Sie lehnen zunehmend „weiße" englische Namen ab zugunsten von exotischen, vielsilbigen Namen, die möglichst nach Afrika klingen sollen, wie zum Beispiel „Tawanna", „Damascene", oder gar „Kedustakedussan". Wegen des relativ starken muslimischen Einflusses in der schwarzen Bevölkerung findet man gelegentlich auch arabische Namen. Und diese Namen dürfen nicht zu Kosenamen verstümmelt werden, dokumentieren sie doch, dass es sich hier nicht um einen weißen Durchschnitts-*„John"* handelt.

Britisches und amerikanisches Englisch

Was die Unterschiede zwischen amerikanischem Englisch (AE) und britischem Englisch (BE) betrifft, wird viel übertrieben. Eigentlich kann man sich nur wundern, wie sich beide Sprachen noch ähneln, trotz geographischer Trennung seit mehr als zweihundert Jahren. Im Vergleich dazu sind die sprachlichen Unterschiede zwischen Spanien und Lateinamerika, allerdings nach vierhundert Jahren, doch viel ausgeprägter. Und das typisch kanadische Französisch („Quebecois") ist wohl selbst für Franzosen kaum zu verstehen.

Ein Grund für die erstaunliche Ähnlichkeit des AE mit dem BE dürfte in einer Rückbeeinflussung des BE durch das AE zu finden sein, insbesondere in der Periode nach dem Zweiten Weltkrieg, in der die USA intensiv Kultur nach Europa exportierten - insbesondere Filme. Und wenn diese Welle so viele Spuren in anderen europäischen Sprachen hinterlassen konnte - wie viel mehr musste das der Fall sein mit der britisch-englischen Sprache?

Ganz besonders gilt das Gesagte für den Wortschatz: Er ist praktisch deckungsgleich zwischen beiden Sprachen - die Tabelle weiter unten enthält die wichtigsten Ausnahmen, die man für die Praxis wissen sollte.

Deutliche Unterschiede gibt es hingegen in der Aussprache. Man kann Briten und Amerikaner dadurch unterscheiden, was sie nicht aussprechen: Die Briten haben dieselbe Tendenz wie Deutsche und Franzosen, das „r" am Wortende nicht mehr auszusprechen; dagegen verschlucken die Amerikaner das „t" an derselben Stelle. Beispiel:

Wenn ein Amerikaner *here* sagt, dann ist das „r" deutlich hörbar, wogegen das britische *here* so ähnlich wie das deutsche „hier" klingt. Umgekehrt wird eine britische Zunge das „t" in *night* deutlich aussprechen, während ein Amerikaner eher so etwas wie *nigh* sagt.

Ein anderer auffälliger Unterschied besteht im Vokal „o", in Wörtern wie *top, hot, rotten:* Im BE wird das „o" als offenes „o" ausgesprochen, etwa so wie in „Topf", während es im AE soweit aufgehellt ist, dass es fast wie ein „a" klingt: [tap, hat, rattn].

Das deutlichste Unterscheidungsmerkmal zwischen BE und AE ist jedoch das berühmte *can't:* Die Briten sagen [*caant*], mit einem langen dunklen „a"; die Amerikaner sagen [cänt], mit einem hellen, zum „ä" neigenden „a".

Damit unterscheidet sich das britische *can't* von der bejahenden Form *can* sehr deutlich durch die Klangfarbe des Selbstlauts, wogegen sich das amerikanische *can't* von *can* eigentlich nur durch das „t" unterscheidet. Nun wurde aber schon gesagt, dass das „t" am Ende amerikanischer Wörter kaum noch ausgesprochen wird, und damit wird *can'* und *can* ununterscheidbar. Wie sich die Amerikaner trotzdem (meistens) verstehen, ist mir ein Rätsel geblieben. Als Ausländer sollte man *can't* entweder britisch aussprechen, oder lieber gleich *cannot* sagen.

Wichtige Wörter in britischem Englisch (BE) und ihre Entsprechungen in amerikanischem Englisch (AE)

BE	*AE*	*Anmerkung*
queue	*line*	*queue* für „Warteschlange" versteht hier niemand!
to queue	*to line up*	Eine Warteschlange bilden, sich einreihen.
fetch	*get*	*fetch* wird verstanden, aber als sehr britisch belächelt.
petrol	*gas*	Benzin
bill	*check*	Die Rechnung im Restaurant ist der *check,* die im Briefkasten nennt man *bill.* Zu Banknoten sagt man ebenfalls *bill.*
lift	*elevator*	*lift* wird verstanden, aber nie benutzt. Der Aufzug heißt hier *elevator.*
lift	*ride*	Mitfahrgelegenheit

14. USA for Businessmen

Für so manchen ist der Grund der ersten Amerikareise rein geschäftlich. Natürlich wird man in einem solchen Falle versuchen, das Notwendige mit dem Angenehmen zu verbinden und sich ein bisschen als Tourist durchs Land bewegen. Andererseits sollte man sich im US-amerikanischen Geschäftsleben so verhalten, dass man nicht aneckt, und diesem Zweck gelten die nächsten Abschnitte.

Soziale Regeln im Büro

Obwohl sich die Bürgerinnen und Bürger der Vereinigten Staaten gerne unverkrampft geben, oder *laid back*, wie sie sagen, geht es in mancher Hinsicht doch recht formell zu, so dass reichlich Gelegenheit zum Anecken besteht. Es ist wahr, dass sich normalerweise alle mit dem Vornamen anreden, selbst der Putzmann sagt zur Präsidentin *Jane.* Doch wenn man mit jemandem auf rein geschäftlicher Basis verkehrt, dann kann, besonders am Anfang, eine förmliche Anrede angemessener sein: *Mr. Smith, Ms. Miller.* Wenn der oder die Angesprochene einen Doktortitel hat, dann muss man ihn auch der Anrede hinzufügen.

Auch auf die Kleidung muss man achten. Erneut besteht ein deutlicher Unterschied zwischen Privat- und Geschäftsleben: Während sich viele Amerikaner zu Hause gerne bequem und fast nachlässig kleiden, müssen sie sich in vielen Firmen nach offiziellen oder inoffiziellen *dress codes* (Bekleidungsvorschriften) richten. In eher formellen Firmen müssen die Herren noch jeden Tag Anzug und Krawatte tragen; eine zunehmende Anzahl von Firmen hat jedoch einen *Casual Friday* eingeführt, das bedeutet, dass man am Freitag zur Einstimmung aufs Wochenende in Alltagskleidung erscheinen darf. In weniger formellen Firmen kann es sein, dass man lediglich an besonderen *dress up days* (etwa, wenn Klienten, Finanzleute oder Inspektoren die Firma besuchen) zu formeller Kleidung angehalten wird. Jedoch gelten diese Erleichterungen nur für Firmenangehörige; als Fremdling ist man gut beraten, sich lieber „formell” anzuziehen, wobei „formell” hier recht konservativ auszulegen ist: dunkler Anzug mit dezenter (!) Krawatte für Männer - Rock (keine Hose!), Bluse und Blazer für Frauen, oder Kostüm und Bluse.

Arbeitsregeln im Unternehmen

Die Amerikaner sind rechte Arbeitstiere: mindestens 40 Stunden je Woche, häufig bei nur zwei Wochen Jahresurlaub. Ältere Mitarbeiter können es auf drei oder gar vier Wochen Urlaub bringen. Immerhin gibt es einige Feiertage und die werden auch strikt eingehalten; wenn sie auf ein Wochenende fallen, dann werden sie vor- oder nachgearbeitet. Die Feiertage werden im folgenden Kapitel ausführlich beschrieben.

Von der arg begrenzten Urlaubszeit einmal abgesehen, können die Sozial- und Zusatzleistungen (*benefits* und *perks*) guter amerikanischer Firmen selbst einen verwöhnten Deutschen beeindrucken: Neben gesetzlich geregelten Leistungen wie Gehaltsfortzahlung im Krankheitsfall, Mutterschaftsschutz und Beiträgen zur Kranken- und Rentenversicherung sind folgende Zusatzleistungen bei „besseren” Firmen die Regel: Beiträge zu Rentensparplänen, bezahlte Urlaubs- und Feiertage (nicht gesetzlich geregelt, daher als Zusatzleistung zu betrachten), Invalidenversicherung, Lebensversicherung, Kostenerstattung für Weiterbildung, Gewinnausschüttungen. Nicht wenige Firmen lassen ihren Angestellten Beteiligungen in Form von Aktien und Aktienoptionen zukommen, und auf dem Gelände großer Betriebe findet man Errungenschaften wie Kinderhorte, Sportanlagen und subventionierte Kantinen.

Auch sonst gehts hier nicht ganz so wild zu, wie man sich das typischerweise vom Stammland des Kapitalismus vorstellt. Schließlich handelt es sich hier ebenfalls um ein hochentwickeltes Industrieland mit komplizierter Gesetzgebung, Mindestlöhnen, Sozialgesetzen, Arbeiterorganisationen und Arbeitsgerichten. In vielem ist nur die Praxis anders, nicht das grundsätzliche System. Vielleicht besteht der eigentliche Unterschied darin, daß es hier weniger Arbeitsrecht gibt, aber mehr gute, spezialisierte Anwälte. Zum Beispiel stimmt es zwar, dass man auf dem Papier praktisch keinen Kündigungsschutz hat. Das bedeutet aber nicht, dass man jederzeit ohne Probleme entlassen werden kann. In einem solchen Fall muss die Firma schon darauf vorbereitet sein, dem gekündigten Arbeitnehmer vor Gericht Unfähigkeit nachweisen zu können. Es muß auch nachweisbar sein, dass man den Angestellten zunächst gewarnt hat, bevor man sich zum letzten Schritt entschloß.

Darüber hinaus haben Arbeitgeber noch mit weiteren, beispielsweise in Deutschland ganz unbekannten Komplikationen zu kämpfen, bedingt durch die krampfhafte, an Quotenregelung grenzende Durchführung der Geschlechter- und Rassengleichberechtigung.

Titel, Ränge, „Rattenrennen"

In stärkerem Maße als bei uns werden Angestellte ständig durch „Zuckerbrot und Peitsche" beeinflußt: Die einzelnen Zuckerstückchen bestehen aus guten *performance reviews* (Leistungsbeurteilungen), Gehaltserhöhungen, Gewinnbeteiligungen und Beförderungen. Da relativ häufige Belohnungen als leistungsfördernd angesehen werden, muss man eine Karriereleiter mit vielen Stufen einrichten. Daher kommt der bunte Wildwuchs von Arbeitstiteln, die jede Firma frei erfinden kann. In einer Abteilung einer größeren Firma kann man etwa folgende Titel finden:

Junior scientist, scientist, senior scientist, manager. Oder vielleicht *scientist I, scientist II, scientist III, scientist IV.* Das gleichzeitige ellenbogenhärtende Bemühen zahlreicher Angestellter, diese Leiter zu erklimmen, wird hier ganz zutreffend als *rat race* (Rattenrennen) bezeichnet.

Während die Titel in den unteren Rangordnungsstufen der Firma frei erfunden werden, folgen die höheren Ränge einem gewissen Standard:

Assistant Director, Associate Director, Director, Vice President (VP), Senior Vice President, CIO (Chief Information Officer, der Computer-Oberguru), *CFO (Chief Financial Officer,* der Chefbuchhalter), *COO (Chief Operating Officer), CEO (Chief Executive Officer), President* (häufig der Eigentümer).

Doch wiederum ist es ganz der Firma überlassen, wie großzügig sie mit Titeln ist. Gerade kleine Firmen sind mit Titeln und Beförderungen erheblich großzügiger als mit Gehaltserhöhungen. Ein VP-Titel in Firma A kann eine ganz andere Bedeutung haben als derselbe Titel in Firma B. Im allgemeinen sagen diese Titel weniger darüber etwas aus, für wieviele Mitarbeiterinnen und Mitarbeiter man verantwortlich ist als darüber, wievielen Vorgesetzten man unterstellt ist.

Der Eigentümer einer Ein-Mann-Firma schreibt stolz den Titel *President* auf seine Visitenkarte und niemand hält das für Hochstapelei: Schließlich steht er an der Spitze. Ähnlich kann ein *Vice President* eines großen Unternehmens Hunderte von Menschen führen, aber jemand mit demselben Titel in irgendeiner Klitsche nur eine Hand voll - doch beide sitzen in der zweiten oder dritten Ebene von oben.

Bemerkungen zum Arbeitsalltag

Arbeitsplatz: Sehr verbreitet sind hier Großraumbüros mit türlosen Arbeitsbereichen *(cubicles)* in der Mitte und einzelnen Büros außen herum. Die *cubicles* beherbergen allgemeine Angestellte ohne Führungsfunktion, wogegen die Büros mit Türen von Managern und *Supervisors* besetzt werden.

In vielen Firmen lässt sich der Rang eines Angestellten leicht an den Attributen des Arbeitsplatzes ablesen: Hat das *cubicle* niedrige Wände oder hohe? Hat das Büro Fenster und Tür? Ist der Schreibtisch aus Holz oder Kunststoff? etc... .

Was ebenfalls in fast jeder Firma auffällt, sind vereinzelte Arbeitsplätze, an denen es aussieht wie nach einem Bombenanschlag. Wo sich die Möglichkeit, überraschend entlassen zu werden doch irgendwie in das Bewusstsein geprägt hat, da gilt es, seine völlige Unabkömmlichkeit ständig unter Beweis zu stellen. Häufig wird das recht dramatisch durch Büros demonstriert, die so voll gepropft sind mit Papierstapeln, Post und Computerausdrucken, dass man sich drinnen kaum noch drehen kann.

Teamgeist: Individualisten sind in der Arbeitswelt eher geduldet als geschätzt. Die Aussage *he is a character* (er ist ein Individualist) kann schon einen negativen Unterton haben („er ist ein komischer Kauz"), und *he is not a team player* (er ist kein Teamarbeiter) ist eines der schlimmsten Urteile, das man über einen Mitarbeiter fällen kann. Es ist eigentlich ein Kündigungsgrund.

Gefragt ist also Teamgeist, das heißt, die Fähigkeit, in einer Gruppe eine nützliche Funktion auszuüben und ein gemeinsames Ziel anzustreben. Teamfähigkeit ist etwas, worauf ein US-Amerikaner von klein auf eingeschworen wird: Von den *Boy scouts* oder *Girl scouts* (Pfadfinder) über Mannschaftssport in der *High School* bis zu Studentenverbänden. Das dort Erlernte und als erfolgreich Erlebte wird ohne kritische Betrachtung auf die moderne Arbeitswelt übertragen.

Was bedeutet Teamgeist wirklich? Viele Fähigkeiten sind nötig, um in einer Gruppe erfolgreich zu arbeiten; soziale Fähigkeiten wie z.B. Toleranz; die Fähigkeit, gemeinsam auf ein Ziel hinzuarbeiten; das richtige Gefühl dafür, wann man widersprechen muss und wann man sich besser dem Gemeinwillen unterordnet.

Was der Kern wahrer Teamfähigkeit sei, darüber gibt es verschiedene Auffassungen und Theorien. So wird beispielsweise jene Einsicht darunter verstanden, dass Übereinstimmung wichtiger sei als das Bestreben, die beste Lösung zu finden. Die mag nämlich zum Scheitern verurteilt sein, wenn nur ein einsames Genie sie tatsächlich erkennen kann und dieses Genie nicht gleichzeitig die Fähigkeit besitzt, sie im Interesse aller auch durchzusetzen. Unter dieser Voraussetzung könnte gelten: Besser die zweitbeste Lösung, wenn diese von allen Teammitgliedern anerkannt wird!

Regeln für Geschäftsbriefe

Wie in Europa, so folgen Geschäftsbriefe auch hier einem oft starren Muster: Adresse und Datum, Anrede, Anfangsfloskeln, eigentlicher Text, Endfloskeln, Gruß mit Unterschrift und dazu möglicherweise bestimmte Ergänzungen („P.S."). Fangen wir mit dem **Briefkopf** an:

Das Datum steht meist rechts oben, selbstverständlich in der US-amerikanischen Monat-Tag-Jahr-Schreibweise. Die Adresse folgt meist linksbündig. Es kann eine „Betreffzeile" folgen, die mit *RE:* (für *Regarding*) oder *Subject:* beginnt.

Das erste Wort der **Anrede** heißt immer *Dear*, unabhängig davon, wie vertraut man mit der angesprochenen Person ist. Normalerweise verwendet man den Vornamen: *Dear John.* Nachnamen verwendet man in sehr formellen Briefen oder beim ersten Kontakt mit Personen, die man bisher weder getroffen noch wenigstens am Telefon kennengelernt hat: *Dear Mr. Wilson.* **Für Frauen ist die Anrede heute immer Ms.,** unabhängig vom Ehestand. Sogar in Europa ist das von vielen als abwertend verstandene „Fräulein" überwiegend ausgestorben.

Der Doktortitel, sofern vorhanden, muss angewendet werden: *Dear Dr. Wilson.* Wenn der Angesprochene unbekannt ist, schreibt man am besten: *Dear Ladies and Gentlemen.*

Die Anrede wird mit einem Komma, meistens aber mit einem Doppelpunkt abgeschlossen: *Dear Dr. Wilson:* . Wichtig ist, dass der erste Buchstabe des Brieftextes nach der Anrede großzuschreiben ist, selbst wenn die Anrede mit einem Komma endet!

Wenn der Brief sich auf eine wichtige Anlage bezieht, verwendet man häufig folgende **Anfangsfloskel**: *Please find enclosed* ... („Anbei finden Sie ..."). Nach dem eigentlichen Text sollte man mit einer **Schlußfloskel** den Brief abschließen. Recht häufig liest man die folgende: *I am looking forward to hearing from you.* Wichtig: „I am looking forward to hear from you" ist ein typisch deutscher Grammatikfehler. Sehr üblich sind auch höfliche Angebote, für Fragen zur Verfügung zu stehen: *Please do not hesitate to call me in case of any further questions...* oder *Please let me know if I can be of any further assistance.*

Heutzutage muss man beim Verfassen von Briefen gewisse zusätzliche Klippen umschiffen. Insbesondere ist sexistische Sprache strikt zu vermeiden. Das bedeutet, dass man nicht einfach männliche Fürwörter wählen kann, um sich so auf eine Person unbekannten Geschlechts zu beziehen. Statt *his* schreibt man *his or her,* statt *he: he or she* und statt *him: him or her.*

Gruß und Unterschrift stehen meist rechts, seltener links unten. Im Gegensatz zur Anrede wechselt der Gruß mit dem Vertrautheitsgrad des Empfängers. Von formell nach vertraulich geordnet, ergeben sich folgende Formulierungen: *Sincerely yours, Very truly yours, Kind regards, Many regards, Regards, Thanks.* Anhängsel unter der Unterschrift bestehen aus Hinweisen auf Anlagen *(Enclosure:, Enclosed:),* Kopien (cc: für *carbon copy*) und Postskripta (P.S. oder PS).

Ebenso wie in Adressen werden akademische Titel unter Unterschriften mit einem Komma angeschlossen: *John Smith, M.S.*. Gängige akademische Titel finden Sie in der Tabelle auf der folgende Seite.

Gängige akademische Titel und deutsche Entsprechungen

Abkürzung	*Titel*	*Deutsche Entsprechung*
B.A.	*Bachelor of Arts*	Keine.
B.S.	*Bachelor of Science*	Keine.
J.D.	*Juris Doctorate*	Rechtsanwalt, -anwältin, Jurist, Juristin.
M.A.	*Masters of Arts*	Magister Artium.
M.B.A.	*Masters of Business Administration*	Etwa „Diplom-Betriebswirt".
M.D.	*Medical Doctor*	Dr. med.
M.S.	*Master of Science (Britisch: M. Sc.)*	Etwa „Diplom".
Ph.D.	*Philosophiae Doctorate*	Dr. phil.

„Professor" ist kein Titel in den USA, da es so etwas wie eine Habilitation (Erwerb der Lehrberechtigung an Hochschulen und Universitäten) nicht gibt. „Professor" heißt einfach „Lehrer".

Standardbriefe

Beispiel 1: Ein unpersönlicher Geschäftsbrief

T. Grow Nice Investment Inc.
101 Sout Street
Baltimore, MD 21222
1800-861-5630

March 10, 1997

Dear Investor:

Thank you very much for requesting information about the no-load T. Grow Nice Science & Technology fund.

This fund can offer you significant long-term growth potential of the companies behind some of today's most successful technological breakthroughs. Given the volatile nature of these companies, however, they also involve a high level of risk. Information to help you decide whether the fund fits your investment goals is included in this package. Everything you need to open an account is included in this kit. Once you've read the enclosed prospectus, just fill out the New Account Form and return it to us in the postpaid envelope.

If you have any questions, one of our representatives will be happy to help. You can reach us at 1-800-638-6663.

Sincerely,

John S. Rife
President

Beispiel 2: Ein formeller Geschäftsbrief

Bayo-Farm Analysis Services
501 Townline Road
White Hill, PA 19244
(251) 238-7007
(251) 238-7077 (fax)

April 15, 1997

David Smith, Ph.D.
Associate Director, Process Development
McLean Farmer Products Company
Fort Washington, PA 19304

Dear Dr. Smith:

Based on our conversations regarding a statistical analysis for the nitrogen study, an estimate has been prepared that describes the work involved. (Folgt: Beschreibung der Kosten).

Upon approval of the budget described above, this letter will serve as a formal change order to the current contract. Please, complete the approval block provided below, sign two copies, keep one for your files and return one to me.

Thank you for your investment in Bayo-Farm Analysis Services and I look forward to the successful completion of this study.

Sincerely,	Accepted and agreed by:
	McLean Farmer Products
	Name:
John T. Miller, M.B.A.	Title:
Business Representative	Date:

Beispiel 3: Eine etwas informelle Antwort

McLean Farmer Products Company, 7500 Crammed Hill Road, Fort Washington, PA 19304

May 6, 1997

John T. Miller, M.B.A.
Business Representative
Bayo-Farm Analysis Services, Inc.
501 Red Creek Road
White Hill, PA 19244

RE: Your letter from April 6, 1997

Dear John:

Enclosed you will find a copy of a signed agreement between MCLean and Bayo-Farm Analysis Services, Inc. pertaining McLean Study #39-303. Admittedly, it was a long time in coming, but the call I received from Nick Carson this morning was very positive and welcome.

We will keep in touch regarding this, and possible future projects.

Sincerely,

David N. Smith, Ph.D.
Associate Director
Process Development

15. US-amerikanische Feiertage

Obwohl Feiertage in den USA nicht dieselben dramatischen Folgen haben wie in großen Teilen Europas , wo man ja fast verhungern muss, wenn man nicht ausreichend Vorräte eingekauft hat, ist es ratsam, die öffentlichen Feiertage zu kennen. Viele Supermärkte und Geschäfte, die selbst sonntags geöffnet haben, sind an wichtigen Feiertagen geschlossen.

Wie Sie in der Tabelle auf der gegenüberliegenden Seite sehen, weicht der US-amerikanische Feiertagskalender erheblich vom deutschen ab. Die Tabelle enthält alle gängigen Feiertage, doch nur die mit *) gekennzeichneten Tage sind landesweite öffentliche Feiertage (*Public Holidays*).

Wenn man bedenkt, dass US-amerikanische Arbeiter und Angestellte oft nur zwei Wochen Jahresurlaub haben, kann man sich besser vorstellen, welche Bedeutung den öffentlichen Feiertagen zukommt:

Es sind Anlässe für liebgewonnene Festtagstraditionen, die Jahr für Jahr im Familienkreis mit demselben zeremoniellen Eifer wiederholt werden. Dabei zeigt sich an den Feiertagen ein rührender Familiensinn, den man in Europa wohl nur zu Weihnachten findet. Und da man auch in den Vereinigten Staaten von Amerika gerne feiert, werden sogar einige halboffizielle Feiertage, an denen gearbeitet wird, mit demselben Eifer begangen.

Feiertage in den USA

Datum	*Feiertag*
*1. Januar *)*	New Year's Day (Neujahr)
Dritter Montag im Januar	Martin Luther King's Birthday
14. Februar	Valentine's Day
Dritter Montag im Februar	President's Day
17. März	St. Patrick's Day
*Variabel *)*	Good Friday (Karfreitag)
*Letzter Montag im Mai *)*	Memorial Day
*4. Juli *)*	Independence Day
*Erster Montag im September *)*	Labor Day
Zweiter Montag im Oktober	Columbus Day
31. Oktober	Halloween
11. November	Veteran's Day
*Letzter Do. im November *)*	Thanksgiving
*25. Dezember *)*	Christmas Holiday
31. Dezember	New Year's Eve (Silvester)

*) Landesweiter Feiertag (*Public Holiday*)

So wie in Deutschland, fängt das Jahr in den USA gut an: mit einem Feiertag. Auch hier wird der ***New Year's Day*** dazu verwendet, sich von den Strapazen der vorangegangenen Festtage zu erholen.

Am ***Valentine's Day,*** im Februar, ist es üblich unter Liebespaaren, kleine Freundschaftsgeschenke auszutauschen.

Der ***Saint Patrick's Day*** im März ist der Frühlingsfeiertag, den Einwanderer aus Irland, ihrer alten Heimat, „mitgebracht" haben: Man trägt ein grünes Kleidungsstück als Symbol des nahenden Frühlings. In Chicago wird sogar der *Chicago River* grün eingefärbt. Und in New York findet selbstverständlich eine Parade statt. Am ***Saint Patrick's Day*** darf jeder einmal Ire sein: Der Feiertag wird nicht nur von den „echten" Nachkommen der irischen Einwanderer begangen, sondern auch von „gewöhnlichen" Amerikanern.

Zu Ostern ist allein der ***Good Friday*** (Karfreitag) ein Feiertag; am Osterwochenende kommt man in der Familie zum Osterdinner zusammen.

Der ***Memorial Day*** ist dem unbekannten gefallenen Soldaten gewidmet. In Washington muss dann der Präsident in der Frühsommerhitze der letzten Maitage den toten Soldaten unter militärischem Zeremoniell einen Kranz niederlegen.

Davon ziemlich unberührt, kommt man in der Familie zum ***Memorial Day-Barbecue*** (Grillfest) zusammen, sofern man nicht das lange Wochenende zu einem Ausflug genutzt hat und im ***Memorial Day***-Verkehrsstau steckt.

Der ***Independence Day*** im Hochsommer ist der US-amerikanische Nationalfeiertag, der mit Feuerwerken und Paraden begangen wird. In *Washington D.C.* wird dann auf der weiträumigen Wiese am Hügel zum Kapitol ein großes Freiluft-Popkonzert veranstaltet.

Der ***Labor Day,*** Anfang September, läutet schließlich das Ende des Sommers ein; normalerweise fährt man am ***Labor Day***-Wochenende ein letztes Mal zum Strand, um auf der Rückfahrt am Feiertag im ***Labor Day***-Verkehrsstau zu stecken. Und dann, im Herbst, beginnt man ganz langsam, sich auf die Festzeit des Winters zu freuen, die *Holiday Season:*

The Holiday Season - Die Zeit der Feste und Familienfeiern

Die Feiertage sind übers Jahr verteilt; die Sympathien der Menschen konzentrieren sich aber überwiegend auf die letzten zwei Monate, auf die mit Recht so genannte *Holiday Season:* Das ist die späte Zeit im Jahr, wenn der kalte Herbstwind längst die poppig bunte *Foliage* von den Bäumen geweht hat und die Tage kürzer werden. Das ist die heimelige Zeit, wenn Freunde und Familien gerne beim Dinner zusammenrücken, und es ist sehr angenehm, auf diese Weise ein paar Feiertage verbringen zu können.

Eingeläutet wird die schönste Zeit des Jahres schon im Spätherbst, durch ***Halloween:*** Dies ist kein offizieller Feiertag, sondern eher ein Fest für Kinder und Kindgebliebene - ganz so wie Fastnacht in Europa. Auch sonst erinnert vieles an Fastnacht: verkleidete Kinder, die betteln gehen, Maskenparties und Kostümwettbewerbe.

Der Unterschied zur Fastnacht besteht zum einen in der Jahreszeit: Winteranfang statt Winterende. Zum anderen sind die Verkleidungen eher gruselig: Hexen, Draculas und Totenköpfe sind gängig, und auch die grimmigen Gesichter, in riesige Kürbise geschnitten und von innen beleuchtet, sehen ganz zum Fürchten aus.

In der letzten Saison war es Mode, eingeklemmte Arme und Beine aus dem Kofferraum des Autos baumeln zu lassen, aus Plastik, versteht sich. Das alles hat seinen Grund: ***Halloween*** ist keltischen Ursprungs, und für die alten Kelten war der Winter tatsächlich eine Bedrohung - eine Zeit, in der alte Hexen und Gespenster im Schutze der langen Nächte aus ihren Verstecken krochen und Unheil über die Menschen brachten. Was lag da näher, als sich als Hexen und Gespenster zu verkleiden, so dass die wirklichen Hexen und Gespenster irritiert wurden und gar nicht mehr wussten, wer zu ihnen gehörte und wer nicht?

Tipp: Am 31. Oktober ***(Halloween)*** Süßigkeiten und Kleingeld für die Kinder bereithalten. Neu im Land zu sein und die Bräuche nicht zu kennen, kann als Entschuldigung kaum überzeugen.

Nach diesem bunten Vorspiel läutet dann ***Thanksgiving*** am letzten Donnerstag im November endgültig die Holiday Season ein. ***Thanksgiving*** ist der Lieblingsfeiertag der US-Amerikaner und das aus gutem Grund:

Keine Geschenke, kein Kirchgang, kein Stress. Alles, was man tun muss, besteht im Zusammenkommen im Familienkreis und einer hemmungslosen Völlerei, in deren Mittelpunkt das traditionelle *Turkey dinner* (Truthahnbraten) steht. ***Thanksgiving*** ist ein Fest des Überflusses, der überreichlich vorhandenen Nahrungsfülle.

Die Wurzeln dieser Tradition liegen im Dunkeln. Meines Wissens begeht neben den USA lediglich Kanada dasselbe Fest. Einer Legende gemäß war das erste ***Thanksgiving*** ein gemeinsames Friedensessen der Pilgerväter mit den indianischen Eingeborenen, bei dem beide Gruppen in Freundschaft Speisen austauschten.

Möglicherweise hat das Fest daneben auch noch eine religiöse Wurzel im Sinne des Erntedankfestes. Heutzutage hat es sich allerdings von jeglichem religiösen Charakter befreit. Es ist am besten aufzufassen als ein hier entstandenes amerikanisches Fest, das die US-Bürger und -Bürgerinnen aller Konfessionen einigt und das von allen Glaubensgemeinschaften in gleicher Weise begangen werden kann.

Ein weiterer Charme dieses Feiertags liegt in seinem geruhsamen und eindeutig nichtkommerziellen Charakter: Man muss keine Geschenke kaufen wie zu Weihnachten oder an *Valentine's Day*, und man muss auch nicht im Verkehrsstau stecken wie am *Memorial Day* oder *Labor Day*. Ja, die Beschaulichkeit wird nicht einmal durch ein Feuerwerk gestört, wie etwa am *Independence Day* oder am *New Year's Eve*. Lediglich im verrückten New York gibt es selbstverständlich eine *Thanksgiving*-Parade. Ansonsten herrscht Ruhe im Land. *Thanksgiving* ist nicht nur aller US-Amerikaner liebster Feiertag, sondern auch meiner.

Weihnachten verläuft dagegen ähnlich traumatisch wie fast überall in Europa: Hausputz, Ehekonflikte über die Menge Geldes, die für Geschenke ausgegeben werden soll, aufwendige Vorbereitungen fürs große jährliche feierliche Familienabendessen, zwanghaftes Verschicken von Weihnachtskarten und ebensolches Einkaufen von Geschenken „auf den letzten Drücker".

Anders als in Europa werden die Geschenke nicht am Heiligen Abend überreicht, sondern am ersten (und einzigen) Weihnachtsfeiertag, dem 25. Dezember. Den Kindern wird der ersehnte „Riesenstapel" Geschenke nicht vom Christkind beschert, sondern von *Santa Claus* oder kurz *Santa*, der am Nordpol wohnt, zur Weihnachtszeit in seinem Rentierschlitten durch die Lüfte rauscht und schließlich sicher durch den Kamin landet, um die Geschenke im Wohnzimmer abzuladen.

16. Wen, wo, wie erreichen und was wie messen und umrechnen?

Wichtige Adressen und Telefonnummern

Die folgenden Tabellen enthalten Kontaktmöglichkeiten zu verschiedenen Firmen und Institutionen, die sehr nützlich sein können. Zahlreiche Adressenquellen sind im **World Wide Web** (WWW) des Internets zu finden; mehrere habe ich benutzt, um die Tabellen zusammenzustellen:

▶ **http:/www.immigration.com** für die Botschaftsadressen. Dort findet man auch die Adressen der US-Botschaften in allen übrigen Ländern der Welt.

▶ **http://www.princeton.edu/Main/air800.html**. Unter dieser Seitenbezeichnung habe ich die Telefonnummern der Fluggesellschaften erfahren, die in der Tabelle auf Seite 186 stehen.

▶ Die Telefonnummern der großen amerikanischen Hotelketten in der Tabelle der Seite 186 stammen aus der folgenden WWW-Seite und wurden mit den Angaben in *Rand McNally's Road Atlas, 1995*, verglichen und auch bestätigt: **http://www.commerce.com:80/net2/business/travel/hotels/tollfree.html.**

Zu dem Zeitpunkt, zu dem die Tabellen geschrieben wurden (Ende 1996), waren die angegebenen Adressen und Telefonnummern gültig. Doch wie erhält man **aktualisierte Kontaktinformationen?** Wenn man Zugang zum Internet hat, kann man sich an die oben genannten Quellen wenden, in der Annahme, dass sie seit dem Erscheinen dieses Buches aktualisiert wurden. Darüber hinaus erfährt man **aktuelle 800er Nummern** immer auch von der Auskunft: 1 (800) 555 1212.

Rufnummern für Notfälle und Auskunft

Institution	*Kontaktmöglichkeiten*
Auskunft	örtlich: 411 anderswo in USA: 1+ Area Code + 555 1212
Notfall	Telefon: 911

Botschafts- und Konsulatsadressen der USA

Land	*Kontaktmöglichkeiten*
Deutschland	Botschaft der U.S.A., Deichmanns Aue 29, 53170 **Bonn,** Telefon 0228/3391, Telefax 0228/339-2663
	U.S. Mission, Clayallee 170, 14195 **Berlin,** Telefon 030/8324087, Telefax 030/8314926
	Generalkonsulat der U.S.A, Siesmayerstraße 21, 60323 **Frankfurt,** Telefon 069/7535-0, Telefax 069/748-938
Österreich	U.S. Embassy, Consular Section, Gartenbaupromenade 2, 4th Floor, A-1010 **Wien,** Telefon 0043 (1) 313-39, Telefax 0043 (1) 513-43-51
Schweiz	U.S. Embassy, Consular Section, Jubiläumsstraße 93, CH-3005 **Bern,** Telefon 0041 (31) 357-7011, Telefax 0041 (31) 357-7344
	U.S. General Consulate, Zolliikerstraße 141, CH-8008 **Zürich,** Telefon 0041 (1) 422-25-66, Telefax 0041 (1) 383-9814

Bedienungsgeldregeln und Bedienungsgeldtabelle

Kellner, Taxifahrer und **Friseure** haben Anspruch auf Bedienungsgeld: 10 bis 20 Prozent des Rechnungsbetrags. Die Tabelle auf der nächsten Seite wird bei der Berechnung helfen.

Für eine Lieferung von Mahlzeiten in das Hotelzimmer ***(Room Service)*** beträgt das Bedienungsgeld 20%, sofern das nicht schon Teil der Rechnung ist. Weitere Personen mit Anspruch auf Bedienungsgeld sind ***Valet*-Parker, Türsteher** und **Gepäckträger;** ihnen bezahlt man $1 bis $5 je Service.

All diese Personen haben deshalb **Anspruch auf Bedienungsgeld,** weil das Bedienungsgeld **Teil ihres Gehalts** ist. „Anspruch" bedeutet demnach, dass das Bedienungsgeld auch bei schlechtem Service zu bezahlen ist - wenn auch in verminderter Höhe.

Überraschenderweise bekommen die **Tankwarte kein Bedienungsgeld** - der Service ist im höheren Benzinpreis der Servicetankstellen enthalten.

Bedienungsgeld für **Zimmermädchen** in Hotels ist eine „Grauzone": Nach Auskunft der AAA-Reiseführer sollte man ihnen zwei bis fünf Dollars pro Nacht hinterlassen, doch nach meiner Erfahrung ist das nicht gängige Praxis.

Bedienungsgeld für schlechten, mittleren, guten Service

Rechnung	*schlecht (10%)*	*mittel (15%)*	*gut (20%)*
$ 10.00	$ 1.00	$ 1.50	$ 2.00
$ 15.00	$ 1.50	$ 2.25	$ 3.00
$ 20.00	$ 3.00	$ 3.00	$ 4.00
$ 25.00	$ 2.50	$ 3.75	$ 5.00
$ 30.00	$ 3.00	$ 4.50	$ 6.00
$ 35.00	$ 3.50	$ 5.25	$ 7.00
$ 40.00	$ 4.00	$ 6.00	$ 8.00
$ 45.00	$ 4.50	$ 6.75	$ 9.00
$ 50.00	$ 5.00	$ 7.50	$ 10.00
$ 55.00	$ 5.50	$ 8.25	$ 11.00
$ 60.00	$ 6.00	$ 9.00	$ 12.00
$ 65.00	$ 6.50	$ 9.75	$ 13.00
$ 70.00	$ 7.00	$ 10.50	$ 14.00
$ 75.00	$ 7.50	$ 11.25	$ 15.00
$ 80.00	$ 8.00	$ 12.00	$ 16.00
$ 85.00	$ 8.50	$ 12.75	$ 17.00
$ 90.00	$ 9.00	$ 13.50	$ 18.00
$ 95.00	$ 9.50	$ 14.25	$ 19.00
$ 100.00	$ 10.00	$ 15.00	$ 20.00

Abkürzungen der 50 Bundesstaaten

Alle Bundesstaaten werden mit je zwei Buchstaben abgekürzt

AL	Alabama	MT	Montana
AK	Alaska	NE	Nebraska
AZ	Arizona	NV	Nevada
AR	Arkansas [ARkansa]	NH	New Hampshire
CA	California	NJ	New Jersey
CO	Colorado	NM	New Mexico
CT	Connecticut	NY	New York
DE	Delaware	NC	North Carolina
FL	Florida	ND	North Dakota
GA	Georgia	OH	Ohio
HI	Hawaii	OK	Oklahoma
ID	Idaho	OR	Oregon
IL	Illinois [ILLinoy]	PA	Pennsylvania
IN	Indiana	RI	Rhode Island
IA	Iowa	SC	South Carolina
KS	Kansas	SD	South Dakota
KY	Kentucky	TN	Tennessee
LA	Louisiana	TX	Texas
MA	Massachusetts	UT	Utah
MD	Maryland	VT	Vermont
ME	Maine [Meyn]	VA	Virginia
MI	Michigan	WA	Washington (Staat)
MN	Minnesota	WV	West Virginia
MO	Missouri	WI	Wisconsin
MS	Mississippi	WY	Wyoming

Weitere gängige Abkürzungen

Abkürzung	*Bedeutung*	*Deutsche Entsprechung*
AAA	American Automobile Association	ADAC
a.s.a.p.	as soon as possible	sobald wie möglich
BBQ	Barbecue	Grillfest
cc	carbon copy	„Kopie an" in Briefen
c/o	care of	z.Hd. (veraltet in D!)
D.C.	District of Columbia	(Regierungsbezirk der Hauptstadt Washington)
Dr.	Drive	Weg, Straße
e.g.	exempli gratia	zum Beispiel
°F	Fahrenheit	°F (Grad Fahrenheit), US-Temperatureinheit
FYI	for your information	zu Ihrer Information
i.e.	id est	d.h. (das heißt)
lb	Pound	US-Gewichtseinheit
oz	Ounce	US-Gewichtseinheit
JCT	Junction	Kreuzung, Anschluß-stelle
L.A.	Los Angeles	Los Angeles
n/a	not applicable	nicht anwendbar
NY	New York	New York
UNK	unknown	unbekannt
SSN	Social Security Number	Sozialversicherungsnr.
St.	Saint Street	hl. (Heilige(r)), Straße

Internetadressen und Telefonnummern zur Reiseplanung

Institution	*Kontaktmöglichkeiten*	
AAA	http://www.aaa.com:80/	
Buslinien	**Greyhound**	
	http:/www.greyhound.com	
	Information	(800) 231-2222
Fluglinien	Continental	(800) 525-0280
	Delta	(800) 221-1212
	TWA	(800) 221-2000
	United	(800) 241-6522
	USAir	(800) 428-4322
Hotelketten		
Luxusklasse	The Ritz Carlton	(800) 241 3333
	Four Seasons	(800) 332 3442
Oberklasse	Hyatt	(800) 233-1234
	Hilton	(800) HILTONS
	Sheraton	(800) 325 3535
Mittelklasse	Holiday Inn	(800) HOLIDAY
	Double Tree Suites	(800) 424 2900
Sparklasse	Best Western	(800) 528 1234
	Travellodge	(800) 578 7878
	Hampton Inn	(800) HAMPTON
	Quality Inn	(800) 228 5151
	Red Roof Inn	(800) THE ROOF
Mietwagen	Alamo	(800) 327-9633
	Avis	(800) 331-1212
	Budget	(800) 527-0700
	Dollar	(800) 800-1000
	Hertz	(800) 654-3131
	National	(800) 227-7368
Züge/Amtrak	http://www.amtrak.com	
	Reservierungen	(800) USA-RAIL

Maße

Flächenmaße

1	Square Foot	=	929 cm^2	=	0,093 m^2
1000	Square Feet	=	929.000 cm^2	=	93,000 m^2
1	Acre[8]	=	4840 Square Yards	=	4046,800 m^2

Hohlmaße

1 Gallon	=	4 Quarts	=	8 Pints[9]	=	4,4050	Liter
1/4 Gallon	=	1 Quart	=	2 Pints	=	1,1012	Liter
1/8 Gallon	=	0,5 Quart	=	1 Pint	=	0,5506	Liter

Die *Pints* begegnen dem Reisenden beim Biertrinken. Mit *Quarts* hat man es beim Einkaufen von Getränken zu tun. Benzin wird in *Gallons* gemessen. Milch, Trinkwasser und sogar Whiskey kann man ebenfalls gallonenweise kaufen.

[8] Grundstücke werden üblicherweise in Acres [Eykers] gemessen.

[9] [Paints]

Höhen, Längen, Entfernungen

Das metrische System, in dem bekanntlich zehn kleinere Einheiten immer eine größere bilden, wird inzwischen weltweit verwendet, selbst in so exotischen Ländern wie China, Persien und sogar Großbritannien. Die Bewohner dieser abgelegenen Nordseeinsel übernahmen schließlich zähneknirschend „diese verdächtige Erfindung eines Volkes, das statt ‚neunzig' ‚vier mal zwanzig plus zehn' sagt", in Anspielung auf die französische Herkunft des metrischen Systems - wie ich neulich in einer britischen Zeitschrift las.

Inzwischen haben es die Engländer soweit gebracht, dass sie ihr Bier zwar noch in *Pints,* aber die Milch schon in Litern kaufen. Im größten Teil Nordamerikas hat das System ebenfalls fest Fuß gefasst - in Kanada und in Mexiko. Nur in den USA sind bisher alle Versuche, das metrische System einzuführen, am Selbstbewusstsein eines 250-Millionen-Volkes gescheitert, das sein Land immer noch zu Recht oder Unrecht als *second to none* ansieht.

Es ist ja auch schwer zu verstehen, warum man sich mit unvertrauten Maßen plagen sollte, mit denen man höchstens einmal als Tourist für ein bis zwei Wochen in Berührung kommt. Am weitesten waren übrigens Metrisierungsversuche in Kalifornien gediehen, jenem Staat, der sich gern als fortschrittlichsten der Föderation beurteilt:

Hier hatte man sogar Verkehrsschilder errichtet, die neben Meilen auch km-Angaben enthielten (in kleinerer Schrift). Doch auch dieser heroische Versuch wird vermutlich scheitern; man sieht nicht mehr viele dieser Schilder. Was folgt aus all dem?

Man kommt hier als Fremder mit seinen Zentimetern und Kilogramm nicht sehr weit, und man tut gut daran, wenigstens eine grobe Vorstellung von den hiesigen Maßeinheiten zu entwickeln. Deshalb niemals vergessen: *When in Rome, ...*

Höhen, Längen und Entfernungen werden in den USA in Zoll, Fuß und Meilen gemessen *(Inches, Feet, Miles;* „Foot" ist die Einzahl von *„Feet"),* dazu in Yards:

Inch, Foot, Yard, Mile in cm und km

1	Inch	=	2,54	cm
12	Inches	=	30,48	cm
1	Foot	=	30,48	cm
3	Feet	=	91,44	cm
1	Yard	=	91,44	cm
1	Mile	=	1,609	km

Erhebungen in Feet (Ft) und Meter (m)

Berg	*Ort*	*Ft*	*m*
Mt. Mitchel	North Carolina	6.709	2.045
Zugspitze	Alpen	9.721	2.963
Mt. Rainier	Washington Staat	14.409	4.392
Mt. Whitney	Sierra Nevada	14.495	4.418
Mt. Blanc	Alpen	15.771	4.807
Mt. McKinley	Alaska	20.299	6.187

Körpergrößen

Üblicherweise gibt man seine Größe in *Feet* und *Inch* an. Auf die Inches kommt es an: Jemand, der 5 Fuß und x Inches groß ist, kann von 152,4 cm bis 180,3 cm groß sein!

Körpergrößen in Feet, Inch und Zentimetern
1 Inch = 2,54 cm, 1 Foot = 12 Inches = 30,48 cm

Inches	*Ft′ Inches″*	*cm*
50	4′ 2″	127, 0
51	4′ 3″	129, 5
52	4′ 4″	132, 1
53	4′ 5″	134, 6
54	4′ 6″	137, 2
55	4′ 7″	139, 7
56	4′ 8″	142, 2
57	4′ 9″	144, 8
58	4′ 10″	147, 3
59	4′ 11″	149, 9
60	5′ 0″	152, 4
61	5′ 1″	154, 9
62	5′ 2″	157, 5
63	5′ 3″	160, 0
64	5′ 4″	162, 6
65	5′ 5″	165, 1
66	5′ 6″	167, 6
67	5′ 7″	170, 2
68	5′ 8″	172, 7
69	5′ 9″	175, 3
70	5′ 10″	177, 8
71	5′ 11″	180, 3
72	6′ 0″	182, 9
73	6′ 1″	185, 4
74	6′ 2″	188, 0
75	6′ 3″	190, 5

Gewichte

Gewichte werden in den USA ebenfalls in nichtmetrischen Einheiten gemessen: 1 *Pound* [Paunt] = 16 *Ounces* [Aunzes] = 453.59 g, also ein knappes halbes Kilogramm.

Übliche Körpergewichte in Pound und Kilogramm

Pound	*Kilogramm*
92	41, 7
96	43, 5
100	45, 4
104	47, 2
108	49, 0
112	50, 8
116	52, 6
120	54, 4
124	56, 2
128	58, 1
132	59, 9
136	61, 7
140	63, 5
144	65, 3
148	67, 1
152	68, 9
156	70, 8
160	72, 6
164	74, 4
168	76, 2
172	78, 0
176	79, 8
180	81, 6
184	83, 5
188	85, 3
192	87, 1
196	88, 9
200	90, 7

Temperatur

Mit Unterschieden in der Temperaturskala wird man am häufigsten konfrontiert, nämlich bei allen Wetternachrichten. Daher sollte man sich Mühe geben, ein Gefühl für die Fahrenheit-Skala zu entwickeln. Die Einheiten der Fahrenheit (F) - Skala sind nicht physikalisch, sondern psychologisch definiert: 0° F = sehr kalt (-17,8° C), 100° F = sehr heiß (37,8 °C). Denn 0° F betrug die Temperatur des kältesten Wintertages, deren weiland Dr. Fahrenheit „messhaft" werden konnte, und 100° F betrug seine eigene Körpertemperatur - allerdings zufällig an einem Tage gemessen, an dem er offenbar unter leichtem Fieber litt.

Man sieht in der Umrechnungstabelle auf der folgenden Seite: Nicht nur die Lage des Nullpunktes der F-Skala ist anders, sondern die Skala hat auch feinere Unterteilungen. Einem Unterschied von 1° C entspricht bereits ein Unterschied von 1,8° F. Einem Unterschied von 1° F entspricht lediglich ein Unterschied von 0,56° C. Daher hören sich die Unterschiede auf der F-Skala für Europäer größer an als sie eigentlich sind.

Temperaturen in Fahrenheit und Celsius

Grad Fahrenheit	*Grad Celsius*
0	-17,8
5	-15,0
10	-12,2
15	- 9,4
20	- 6,7
25	- 3,9
30	- 1,1
35	1,7
40	4,4
45	7,2
50	10,0
55	12,8
60	15,6
65	18,3
70	21,1
75	23,9
80	26,7
85	29,4
90	32,2
95	35,0
100	37,8
105	40,6
110	43,3
115	46,1
120	48,9

F = 9/5 C + 32, C = 5/9 (F - 32).

Washington
Montana
North Dakota
Oregon
South Dakota
Idaho
Wyoming
Nebraska
Nevada
Utah
Colorado
Kansas
California
Arizona
New Mexico
Texas

2

3

Alaska

4

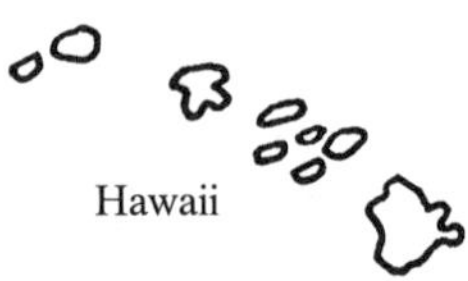
Hawaii

5

Puerto Rico

1 Washington D.C. (Regierungsbezirk)
2 Die „48 zusammenhängenden Staaten" der USA
3 Alaska (49. Staat)
4 Hawaii (50. Staat)
5 Puerto Rico (Kolonie)

Persönliche US-Daten-Seite

- **Körpermaße**

  Größe in Inch ____________________

  Größe in Feet und Inch ________ ________

  Gewicht in Pounds ____________________

- **Konfektionsgrößen**

  Hosen
  Bund *(Waist)* ____________________

  Länge *(Length)* ____________________

  Hemden/Blusen
  Kragenweite *(Collar)* ____________________

  Oberweite *(Bust)* ____________________

  Taille *(Waist)* ____________________

  Hüfte *(Hips)* ____________________

- **Schuhe** ____________________

- **Sonstige Daten**

  Social Security Number ____________________

  ____________________ ____________________

  ____________________ ____________________

17. Stichwortverzeichnis

- D -

- E -

- F -

- G -

- H -

- I -

- J -

- K -

- L -

- **M** -

- N -

- O -

- P -

- T -

- W -

- X -

- Y -

- Z -

1 Cent: Penny *5 Cents: Nickel* *10 Cents: Dime* *25 Cents: Quarter*

50 Cents:
Half Dollar

100 Cents:
One Dollar
(„Susan")

100 Cents:
One Dollar

Alle Münzen in Originalgröße.

One Dollar. George Washington, 1732 - 1799, 1. Präsident der USA.

Five Dollars. Abraham Lincoln, 1809 - 1865, 16. Präsident der USA.

Ten Dollars. Alexander Hamilton, 1755 - 1804, Politiker.

Twenty Dollars. Andrew Jackson, 1767 - 1845, 7. Präsident der USA.

Fifty Dollars. Ulysses Simpson Grant, 1822 - 1885, 18. Präsident der USA.

One hundred Dollars. Benjamin Franklin, 1706 - 1790, Politiker.

Chicago bei Sonnenuntergang, vom Michigan-See aus gesehen.

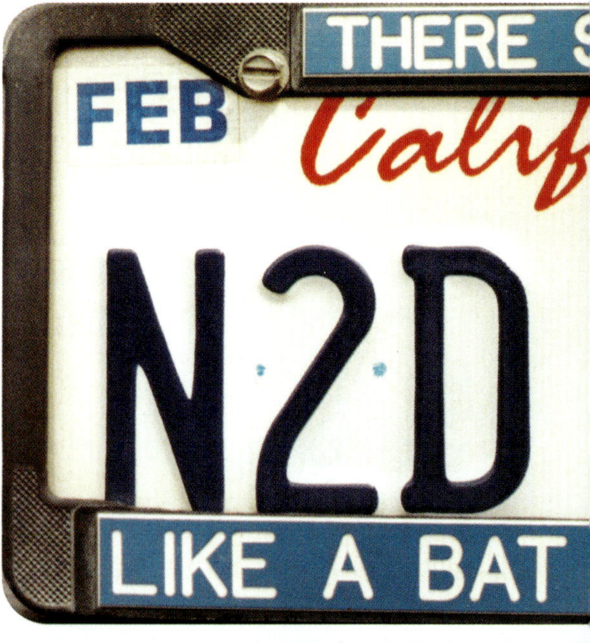

Kalifornischer Mohn.

Küste mit Lavaformationen, Nordostküste von Maui, Hawaii.
Linkes Foto: Chicago, Michigan Avenue am Chicago-Fluss.

Haus des Arztes in Calico Ghost Town, Kalifornien.
Boomende Silberminenstadt zwischen 1881 und 1896.

Meerjungfrau aus Sand,
Venice Beach, Los Angeles.

Eingang einer Mall („Innenstadt in der Halle"), Thousand Oaks, Kalifornien. Siehe auch Kapitel 8, „Einkaufen", Seite 71.

Jean Paul Getty-Museum, Malibu, Kalifornien.

Mitten ins Herz von „Mom" und „Dad".

Holzkohlenmeiler im Death Valley, Kalifornien.

Zur Einkehr:
Kapitel 6, Seite 48.

Zur Einkehr:
Kapelle am Weg
nach Hana,
Maui, Hawaii.

Vorfahrt achten

Höchstgeschwindigkeit 55 mph

Nicht vorbeifahren

Einbahnstraße

Wenden verboten

Rechtsfahrender Verkehr muss rechts abbiegen

Vorgeschriebene Fahrtrichtung

Parken im Notfall erlaubt

Rechts bleiben

Verboten für Fussgänger, Fahrräder und Mopeds

Langsamer Verkehr rechts bleiben

Zwischenstaatliche Autobahnen (Interstates)

2-spurige Verkehrsführung folgt

Foto rechts: XING = CROSSING = KREUZEN (D)

PARKER AVE.
5000
XING

Über den Autor

Dr. Lothar Tremmel lebt und arbeitet seit 1992 in den USA, zunächst in New Jersey, dann in Pennsylvanien und zur Zeit in Kalifornien. Aus beruflichen und privaten Gründen hat er zahlreiche weitere Bundesstaaten der USA sowie Kanadas bereist. Seit 1996 ist der Autor mit einer US-Amerikanerin verheiratet.